Paul Rooyackers

Mit den Händen flüstern

Die Deutsche Bibliothek – CIP-Einheitsaufnahme

Mit den Händen flüstern : 100 kurze Interaktionsspiele
für Kinder ab 6 Jahren / Paul Rooyackers. – 2. Aufl. –
Linz : Veritas-Verl., 1997
ISBN 3-7058-0735-8
NE: Rooyackers, Paul

© 1993 Panta Rhei Publishers, Katwijk
Honderd Dramaspelen (One Hundred Drama Games) by Paul Rooyackers

Deutsche Lizenzausgabe: VERITAS-VERLAG Linz
2. Auflage (1997)
Gedruckt in Österreich auf umweltfreundlich hergestelltem Papier
Übersetzung: Gerda Hubauer, Salzburg
Lektorat: Monika Würthinger, Utzenaich
Herstellung, Umschlaggestaltung: Germana Kolmhofer, Hartkirchen
Illustrationen (Umschlag, Kern): Stefan de Groot, Katwijk
Satz, Offsetreproduktion, Montage: Typeshop, Linz
Druck, Bindung: LANDESVERLAG Druckservice Linz

ISBN 3-7058-0735-8

Paul Rooyackers

Mit den Händen flüstern

100 Interaktionsspiele für Kinder ab 6 Jahren

VER·I·TAS

Inhaltsverzeichnis

Einleitung

Dieses Buch enthält 100 Interaktionsspiele, ausgestattet mit vielen Variationen und einer einleitenden Erklärung, die das Drama-Spiel für jedermann zugänglich machen soll.

Sämtliche Drama-Spiele entstanden als Resultat praktischer Arbeit und haben somit ihre Bedeutung bereits bewiesen. Die Spiele können ohne jegliche Vorkenntnisse seitens der Teilnehmer gespielt werden. Es ist jedoch erforderlich, daß die Lehrer oder Gruppenleiter die Spiele zuerst selbst ausprobieren, bevor sie diese mit der Gruppe durchführen.

Für wen ist dieses Buch bestimmt?

Zielgruppe der Drama-Spiele sind Lehrer und Gruppenleiter, die innerhalb und außerhalb des Bildungs- und Erziehungssystems mit Gruppen arbeiten. Ein Großteil der Spiele ist für den normalen Schulbetrieb geeignet, sie können auch leicht als eigenständige Projekte zu Theateraufführungen ausgebaut werden.

Jede Spielfolge stellt einen separaten Bereich mit steigendem Schwierigkeitsgrad dar. Selbstverständlich können Spiele aus verschiedenen Bereichen für Workshops und andere Aktivitäten kombiniert werden.

Drama und Spiel

Das vorliegende Buch präsentiert DRAMA-SPIELE – ein neuer Begriff, der bis jetzt noch nicht verwendet wurde. Schauspiel und Spiel sind Begriffe, die oftmals verwechselt werden und tatsächlich eng miteinander verbunden sind. In diesem Buch ergänzen sie sich gegenseitig und verwachsen im Laufe der Aktivität zu einem Drama-Spiel.

Über den Inhalt

Das Buch besteht aus zwei Teilen. Der erste Teil erklärt, was Drama ist und was mit Spiel gemeint ist. Ebenso werden die Elemente eines Spiels erklärt und wie es sich allmählich zu einer Aufführung entwickelt. Die Rolle des Leiters und auch die Bedeutung des Drama-Spiels für die Entwicklung innerhalb der Gruppe werden aufgezeigt.

Es wird auf die Spielauswahl und systematische Vorbereitung sowie auch auf den Spielaufbau und die Organisation des Spiels selbst eingegangen.

Der zweite Teil des Buches beschreibt 100 Drama-Spiele, unterteilt in verschiedene Bereiche, wobei jeder Bereich über eine Einleitung und eine Erklärung verfügt.

In den letzten Jahren wurden viele Arten von Drama-Spielen erfunden und adaptiert – selbstverständlich in Zusammenarbeit mit den vielen Teilnehmern an Schulen oder anderen Einrichtungen. Dieses Buch ist all den Spielbegeisterten, groß und klein, gewidmet, von denen ich profitiert habe.

Um das Lesen zu erleichtern, wird in diesem Buch die männliche Form verwendet. Es versteht sich jedoch von selbst, daß sich jedes „er" auch auf die entsprechende weibliche Form bezieht.

Viel Erfolg!

Paul Rooyackers, Hillegom 1993

Vorbemerkungen

Drama und Spiel

SPIEL

Spielen ist eine bedeutende Aktivität. Jedermanns Jugend beginnt mit dem Spiel und wird durch das Spiel bereichert.

Während des Spielens wird es einem ermöglicht, der Realität zu entfliehen und sich so zu benehmen, als ob alles anders wäre. Einen Moment lang wird man jemand anderer und erfährt, wie man sich dabei fühlt. Während des Spiels sind Fehler erlaubt, die man im wahren Leben nie wagen würde.

Der Gebrauch der Phantasie ist nicht nur etwas für kleine Kinder. Auch Erwachsene genießen von Zeit zu Zeit die Möglichkeit, der Realität zu entkommen, sich zu entspannen und in die Haut einer anderen Person zu schlüpfen. Spielen ist eine Aktivität, die mit den eigenen Erfahrungen verbunden ist, und man entwickelt das Spiel nach der eigenen Phantasie. Dies kann durch Tanz, Schauspiel, Kunst, Musik, Sport und viele weitere Arten des Spiels erfolgen.

DRAMA

Das Wort „agieren" kommt aus dem Lateinischen (agere) und bedeutet „tun, handeln, aufführen". Ein Spieler führt auf der Bühne Handlungen vor. Diese Handlungen stellen geplante Situationen dar. Der Schauspieler drückt sich mit Hilfe seines Körpers und seiner Sprache aus. Er kann sich zum Beispiel wie ein Geist bewegen und gleichzeitig eine Menge eigenartiger Laute von sich geben. Oder er könnte ein Bauer auf seinem Traktor sein, der auf und ab über das Feld holpert; oder er könnte eine angenehme oder eine furchteinflößende Situation, von der er gehört oder die er vielleicht selbst erlebt hat, darstellen. In einem Drama-Spiel unterscheidet

sich die Welt von der, in der man lebt. Man nützt die eigene Vorstellungskraft, um etwas darzustellen oder zu dramatisieren. In einem Drama-Spiel zeigt man einander die Handlung, die man schildern möchte. Die Vorführung dessen, was man vorbereitet hat, ist ein sehr wichtiger Teil eines Spiels.

DRAMA UND SPIEL

Zwei Ausdrucksmittel werden in diesem Buch miteinander verbunden: Drama und Spiel. Wir sprechen hier vom dramatischen Spiel, in dem das vorbereitete Spiel von der Gruppe erfahren und gegenseitig demonstriert wird. Aus der Verbindung von Drama und Spiel entsteht ein Drama-Spiel. Es darf jedoch nicht mit einer Bühnenaufführung verwechselt werden, wie dies bei Theaterstücken der Fall ist. Drama-Spiele können in einem beliebigen Raum gespielt werden. In einem Drama-Spiel lernt man, mit der eigenen Phantasie zu arbeiten. Der Unterschied zwischen diesem und dem „normalen Spielen" ist, daß man versucht, dem Spielen auch eine Form zu geben. Man übt nicht nur das Zusammenspiel mit anderen Personen, sondern man versucht auch, der Handlung eine dramatische Form zu geben. Man erzählt und spielt vor, was man an dieser bestimmten Situation als wichtig empfindet, wie man darüber denkt und fühlt und wie man das Ganze in ein Drama-Spiel umsetzen möchte. In Drama-Spielen werden gegenseitige Übereinkommen getroffen: Jeder Spieler weiß, daß der andere etwas vorbereitet hat und dies aus der eigenen Vorstellung heraus dargestellt wird.

ZIEL DES DRAMA-SPIELS

1 **Das Drama-Spiel ist entspannend**

Ein Spiel zu genießen hat höchste Bedeutung, was jedoch nicht heißt, daß man bei einer Vorführung immer lachen muß. Ein ernstes Thema kann genausoviel Vergnügen bereiten. Entspannung ist ein enorm wichtiger Aspekt des Spiels. Wenn man sich unbehaglich oder nicht wohl in der Gruppe fühlt und man seine Meinung nicht frei äußern kann, dann ist ein Drama-Spiel nicht möglich. Will man teilnehmen, so darf man sich nicht eingeschränkt fühlen, weder von einem Mitspieler noch von der Situation.

2 Das Drama-Spiel fördert die eigene Kreativität

Als Teilnehmer erforscht man die Welt um sich herum. Gemeinsam mit anderen Menschen erzählt und spielt man Geschichten, was lehrreich ist. Man lernt, miteinander auszukommen, gemeinsam und allein entwickelt man Ideen. Durch das Spiel lernt man, Äußerungen, Probleme, Themen und Mitspieler anders zu sehen. Diese Erfahrungen erweitern die eigene Fähigkeit zu spielen, helfen aber auch im täglichen Leben, kreativer mit Gedanken und Problemen umzugehen.

3 Das Drama-Spiel fördert die eigene Persönlichkeit

Man lernt, mit der eigenen Phantasie zu arbeiten, und kann dabei die eigenen Erfahrungen miteinander in Verbindung bringen und bewußt verarbeiten. Man gewinnt mehr Kontrolle darüber, was man sagt, tut und wie man sich bewegt. Das eigene Selbstbewußtsein wird durch das Spielen gesteigert.

4 Das Drama-Spiel bedeutet Arbeit an der eigenen sozialen und emotionalen Entwicklung

Durch das Vorspielen einer Situation lernt man, mit ihr umzugehen: Wie würde man in der entsprechenden Situation reagieren und sich verhalten? Spielen erweitert das Wissen über sich selbst: Man getraut sich mehr über eine Sache zu sagen, teils mit Hilfe der Sprache, aber auch mit Körpersprache. Man kann jemand anderem im Spiel helfen.

Nicht jeder ist fähig, allein die Wahrheit über eine Situation herauszufinden oder seine Meinung zu bestimmten Punkten zu ändern. Das Spiel ist wie ein Spiegel; man erkennt, wozu man fähig ist. Weiters lehrt es einen, sich besser auf eine bestimmte Situation oder Aufgabe zu konzentrieren. Man stößt auf die andere Person hinter der Rolle: Durch das Spiel erfährt man sich gegenseitig anders als in der Realität. Man lernt, sich selbst und andere(n) mehr zu vertrauen und besser zu beurteilen.

5 Das Drama-Spiel erfordert Gestaltung

Wenn man anderen Leuten eine Dramatisierung zeigt, ist es wichtig, daß die Geschichte verstanden wird. In diesem Zusammenhang ist es wichtig, zu erkennen, wie das Spiel visuell umgesetzt wurde: Wurde die Aufgabe gut ausgearbeitet, was Form und Inhalt betrifft? Ein Spiel erfordert großen Arbeitsaufwand, bis der Zuseher die Vorführung genießen kann: Er kann die Art zu spielen, eine Geschichte zu erzählen, sich zu bewegen oder die Phantasie genießen. Ausgewählte Requisiten können sorgfältig und bedeutungsvoll in die Präsentation eingeschlossen werden.

6 Das Drama-Spiel fördert die Sprachgewandtheit und den Körperausdruck

Durch das Spiel lernt man bessere und vielfältige Ausdrucksmöglichkeiten und unterschiedliche Arten der Sprache und Kommunikation kennen. Gleiches gilt auch für den Einsatz des Körpers, sowohl während des Spiels als auch danach. In einem Drama-Spiel steht man normalerweise näher bei anderen Menschen, als man dies im täglichen Leben tun würde. Man trifft sich auf einer direkteren Basis, hat mehr Körperkontakt miteinander und lernt, mit diesen ungewohnten Situationen umzugehen.

Praktische Hinweise

DIE ROLLE DES GRUPPENLEITERS

Vorbereitung der Stunden

Der Leiter bereitet die Stunden vor. Er weiß, wie die Aufgaben präsentiert werden, wo und zu welcher Zeit sie ausgeführt werden, und kennt weitere Faktoren, die berücksichtigt werden müssen. Besonderes Augenmerk sollte dabei auf Möglichkeiten der Lärmbelästigung gelegt werden. Der Gruppenleiter spornt die Teilnehmer an, leitet die Aufgaben und überwacht den gesamten Ablauf. Er weiß, wie das Spiel abgeschlossen werden soll, und lenkt es, soweit dies möglich ist, in diese Richtung.

Einsatz der Stimme

Die Einführung in die Spiele ist ein wichtiger Teil des Ablaufes. Wenn die Teilnehmer die Anleitungen nicht vollständig hören oder verstehen, kann das Spiel nicht gut gelingen. Einfühlsamkeit und Begeisterung in der Stimme tragen zur besseren Entwicklung des Spiels bei. Selbstverständlich muß der Leiter an den Teilnehmern und dem Verlauf des Spiels Interesse zeigen. Falls das Spiel in eine andere Richtung gleitet als beabsichtigt, muß der Spielleiter eingreifen und es wieder in die richtige Bahn lenken. Sein Stimmvolumen, die Stimmkraft, Intonation und sorgfältige Wortwahl, all das hilft, die Gruppe zum Üben und Aufführen des Spiels zu begeistern. Der Leiter „redet" die Teilnehmer sozusagen in den Spielablauf hinein.

Einmischung in die Gruppe

Der Gruppenleiter beobachtet die einzelnen Gruppenmitglieder, hört ihnen zu und sieht, was gerade passiert oder passieren könnte. Es ist wichtig, zu erkennen, ob das Spiel eine andere Richtung einschlägt als geplant. Als Leiter kann man eingreifen und Vorschläge bringen, um das Spiel vor einem plötzlichen Leerlauf zu bewahren. Ebenso haben die Teilnehmer Wünsche, die sie äußern möchten;

je größer ihre Erfahrungen, desto mehr können sie ausdrücken. Dies und die Wünsche der Teilnehmer sind unbedingt zu berücksichtigen. Der Leiter kennt das Niveau, das die Teilnehmer erreicht haben, und paßt die Aufgabe entprechend an. Positives Zugehen auf die Gruppe wirkt sich auch positiv auf den Spielverlauf aus.

Anpassung des Programms

Der Gruppenleiter muß ständig darauf achten, daß das Programm passend für die Teilnehmer konstruiert ist. Es kann sein, daß während einer Sitzung ein bestimmter Plan neu abgestimmt werden muß. Der Spielleiter wird entscheiden müssen, ob dies sofort möglich ist oder eine schrittweise Änderung des Programms notwendig ist. Der Leiter entscheidet und überwacht die Art der Veränderung: Soll die Gruppengröße oder die Zusammensetzung der Gruppe verändert werden? Wurden die Möglichkeiten der Spieler falsch eingeschätzt? Kann sich die Gruppe ausreichend auf das Thema einlassen? Es gibt die unterschiedlichsten Gründe, um ein Programm abzuändern.

Beobachtung der Teilnehmer

Gutes Beobachten der Teilnehmer sichert nicht nur eine gute Übereinstimmung mit dem Programm, sondern spornt die Spieler auch zu Aktivitäten an, die sie immer wieder wiederholen möchten. Während des Spielverlaufs muß der Leiter die Teilnehmer so begeistern, daß sie sich automatisch auf die nächste Stunde freuen. Die Stimulierung zielt dabei auf die Konzentration der Spieler, ihre Spontanität, ihre Spielfreude, der Vertiefung ihrer Emotionen während des Spiels und ihre Identifizierung mit dem Themeninhalt ab. Der Leiter achtet auch darauf, wie die Teilnehmer miteinander arbeiten, wie sie ihre eigenen Beiträge einbringen und ob sie fähig sind, ihre Erfahrungen während und nach der Stunde einzusetzen. All diese Aspekte sind Teil der Beobachtungen des Gruppenleiters.

Wer sind die Teilnehmer?

Der Gruppenleiter muß von Beginn an mit der Situation vertraut sein: Wo werden die Stunden abgehalten; in welchem Raum; zu welcher Tageszeit; Gruppengröße und eventuelle Erfahrungen mit dieser Art des Spiels; stimmt die Raumgröße für die Größe der Gruppe? Der Leiter muß das Alter der Spieler kennen, um ein passendes Programm erstellen zu können. Er muß wissen, worin sie gut sind. Es gibt enorme Unterschiede zwischen reinen Jungengruppen und gemischten Gruppen. Bei einer neuen Gruppe muß der Spielleiter fähig sein, Stimmungen zu erfassen und schnell zu analysieren. Er kann sich auch im vorhinein über mögliche Behinderungen unter den Gruppenmitgliedern informieren - Vorbeugen ist besser als heilen. Dies gilt nicht nur für körperliche Behinderungen. Falls einige Gruppenmitglieder sehr unterschiedliche Lebenserfahrungen haben oder kürzlich schwere (psychische) Probleme hatten, ist es für den Leiter von Bedeutung, dies zu wissen, besonders im Zusammenhang mit dem Inhalt des Programms. Ein Drama-Spiel ist eine Erfahrung, die die Teilnehmer extrem fordert.

WAHL EINES DRAMA-SPIELS

Liegen genügend Informationen über die Teilnehmer und die Arbeitsbedingungen vor, kann sich der Spielleiter mit dem Inhalt des Programms beschäftigen. Er muß sich über den Zweck des Spiels im klaren sein. Was will er den Spielern zeigen oder sagen? Welche Erfahrungen sollen sie machen?
Bei der Erstellung eines Programms sollten stets folgende Punkte beachtet werden:

- Jedes Drama-Spiel muß zuerst ausprobiert werden, bevor es der Gruppe vorgestellt wird.
- Das Spiel muß gut vorbereitet werden; man muß sich die Richtung, in die sich das Spiel entwickeln wird, vorstellen und überlegen, wo Probleme entstehen könnten.
- Das Spiel soll kurz und klar verständlich vorge-

stellt und die Aufgabe anschaulich beschrieben werden, um dadurch viele Probleme zu vermeiden.

- Wie beginnt man die einzelnen Teile des Drama-Spiels? Wie bringt man die Gruppe in Schwung? Gehen die einzelnen Spiele nahtlos und logisch ineinander über?
- Ein guter Überblick über das Spiel ist notwendig, um es aus unterschiedlichen Positionen lenken zu können.
- Mit der Gruppe ist zu vereinbaren, wie man eingreifen kann, wenn das Spiel plötzlich vom Thema abkommt. Zuerst sollte man jedoch die Anzeichen hierfür mit der Gruppe besprechen.
- Die Aufgaben, die während des Spiels ausgeführt werden sollen, müssen verteilt werden. Zu beachten ist, wie die Teilnehmer als Gruppe und in Untergruppen zusammenarbeiten.
- Man sollte sich von vornherein bewußt machen, was das Drama-Spiel in den Teilnehmern auslösen oder hervorbringen kann.
- Wichtig ist, das Spiel zu einem Abschluß zu bringen. Der Spielleiter sollte versuchen, abzuschätzen, in welchem Ausmaß jeder Beteiligte vom Drama-Spiel emotional und sachlich profitieren kann.

VORBEREITUNG DES DRAMA-SPIELS

Folgende Fragen sind zu beantworten:
- Was ist der Ausgangspunkt? (siehe: Wer sind die Teilnehmer?)
- Was möchte man erreichen?
- Welche Drama-Spiele können als hierfür passend in Betracht gezogen werden?
- Wird zusätzliches Material benötigt – Tonanlage, Requisiten, Bühnenbild?
- Wie werden der Gruppe die Ideen vermittelt, und wie werden die Stunden organisiert, um einen reibungslosen Ablauf zu gewährleisten?
- Am Ende des Programms soll überprüft werden, ob die eigenen Zielsetzungen erreicht wurden.

- Wenn das Spielniveau, das die Gruppe erreicht hat, bekannt ist, kann man klarlegen, was die Spieler veranschaulichen und lernen möchten. Sämtliche Spiele im Teil II sollten hinsichtlich ihrer Eignung für die jeweilige Gruppe kritisch bewertet werden. Vielleicht ist eine Anpassung an den Sprachgebrauch oder den Fachbereich nötig. Jedes Spiel sollte an das Niveau der Gruppe angepaßt werden. Man sollte möglichst auf weitere ähnliche Spiele zurückgreifen können, falls das erste Spiel, das man ins Auge gefaßt hat, nicht brauchbar ist.
- Alles Mögliche kann bei einem Spiel schiefgehen, genauso wie in der Vorbereitung; zum Beispiel kann sich die Gruppengröße plötzlich verändern oder der geplante Arbeitsraum steht nicht zur Verfügung. Man sollte auf solch unerwartete Veränderungen vorbereitet sein und stets ein zusätzliches Programm, einen Ersatzplan, zur Hand haben.

DER ARBEITSRAUM

Es ist wichtig, daß der Raum, in dem ein Drama-Spiel stattfinden soll, eine angenehme Atmosphäre hat. Der Raum sollte die Teilnehmer zum Spielen einladen und folgende Bedingungen erfüllen:
- Sicherheit: Gibt es irgendwo Glas, Splitter oder andere scharfe Gegenstände, die jemanden verletzen könnten?
- Akustik: Können sich die Spieler gegenseitig und den Spielleiter bei seinen Erklärungen verstehen?
- Beleuchtung: Ist die Beleuchtung ausreichend? Werden Scheinwerfer benötigt, oder gibt es nur „langweiliges Licht" in Form von Lichtbalken?
- Belüftung: Ist der Raum gut belüftet? Es sollte während einer Stunde immer möglich sein, Frischluft in den Raum zu lassen.
- Störungen: Besteht die Möglichkeit, daß während des Spiels soviel Lärm erzeugt wird, daß andere dadurch gestört werden? Können

Lärmbelästigungen seitens der Nachbarn ausgeschlossen werden, damit die Konzentration der Gruppe während ruhiger Spiele nicht unterbrochen wird?
- Beschaffenheit des Fußbodens: Jeder Fußboden, der zuviel Lärm erzeugt, stört den Spielverlauf ebenso wie das Belagsmaterial. Ein Teppich aus Nylongewebe kann beim Rutschen über den Boden die Füße verbrennen.

ZEIT UND ORT

Es kann zu jeder Tageszeit gespielt werden, doch bestimmen die Teilnehmer mit, ob für sie die Zeit- und Orteinteilung der Stunden passend ist. Kinder können sich auf Spiele besser am Vormittag konzentrieren. Gleiches gilt für geistig Behinderte, die im Laufe des Tages ermüden. Vom Alter der Gruppenmitglieder hängt die Dauer der Aktivität ab: Bei Kindern darf ein Drama-Spiel nicht länger als 35–40 Minuten dauern. Ein Spiel mag bekannt erscheinen, doch kann es aus Teilen bestehen, die für einige Teilnehmer ziemlich fremd sind, wie es z. B. bei den Spielen der Sinneswahrnehmung der Fall sein kann. Um Mißverständnisse zu vermeiden, ist es daher ratsam, die Einleitung in dem Raum, in dem das Drama-Spiel stattfinden soll, durchzuführen.

DIE ATMOSPHÄRE

Die Teilnahme an einem Drama-Spiel ist freiwillig, man kann niemanden dazu zwingen. Der Gruppenleiter sollte für eine entspannte und einladende Atmosphäre sorgen, die sich auf die einzelnen Teilnehmer überträgt. Manchmal kann in einer Gruppe Widerstand und Ablehnung gegen bestimmte Aktivitäten entstehen, dann ist eine gute Gesprächsbasis zwischen Leiter und Teilnehmern von besonderer Bedeutung. Dadurch kann eine Situation, an der eine Person nicht teilnehmen möchte, vermieden werden. Als Gruppenleiter sollte man jedoch abschätzen können, ob es sich auf den Rest der Gruppe störend auswirkt, wenn ein Teilnehmer bei einem bestimmten Spiel aussetzt. Für eine erst am Beginn stehende Gruppe könnte das problematisch sein. Weiters ist unbedingt mit den Teilnehmern zu vereinbaren, daß während eines Drama-Spiels und seiner Präsentation keine negative Kritik darüber geübt wird, wie die anderen ihre Aufgabe ausführen. Dies hätte nicht nur nachteilige Auswirkungen auf die Atmosphäre, sondern es könnte auch andere davon abhalten, sich frei auszudrücken.

AUFBAU DES SPIELABLAUFES

Während eines Spiels werden Verhaltensweisen untersucht, und man beobachtet, was einem die eigene Phantasie darüber sagen kann. Bevor man sich als Teilnehmer jedoch voll darauf einlassen kann, muß man in die richtige Stimmung gebracht werden. Dies geschieht während der Einleitung oder des „Aufwärmens", wonach der Einstieg in die nächste Stufe leichter fällt. Der „Hauptteil" der Handlung zeigt dann den tatsächlichen Charakter der Stunde auf: Der Teilnehmer erkennt nun die Richtung, in die er gelenkt wird. In der Phase der „abschließenden Präsentation" führen die Spieler das Stück, an dem sie während der Stunde gearbeitet haben, vor. Diese kurze Aufführung vor den anderen Teilnehmern wird die „Aufarbeitung" des Drama-Spiels genannt. Sollte aus Zeitgründen nur ein Spiel angeboten werden können, so bedarf es keines besonderen Aufbaus. Am Ende eines Vormittags oder Nachmittags besteht immer noch die Möglichkeit eines weiteren Spiels zur Entspannung.

Die Einleitung

Im ersten Teil der Stunde sollen sich die Teilnehmer vom Alltag befreien und auf das/die kommende(n) Spiel(e) einstimmen. Spiele der Sinneswahrnehmung sind hierfür besonders gut geeignet, sie bringen die Gruppe in Schwung und fördern die Konzentration für das Hauptspiel. Ein weiterer Vorteil der Aufwärmphase ist, daß das Hauptspiel in Teilen vorbereitet und erklärt wird.

Der Hauptteil

Diese Phase nimmt tatsächlich das in Angriff, was der Leiter mit der Gruppe geplant hat. An diesem Punkt wird der Zweck dieser Stunde klar. So soll die Gruppe z. B. auf eine besondere Art und Weise miteinander arbeiten, an einer bestimmten Form der Konzentration arbeiten oder den Bewegungsablauf des Spiels planen. Der Gruppenleiter muß sich ein Ziel setzen, das während dieser Phase erreicht werden soll.

Die Aufarbeitung

Die letzte Phase beschäftigt sich mit der Aufarbeitung der Stunde. Hier können die Teilnehmer ihre Erfahrungen zum Beispiel in einem kurzen, vorbereiteten Stück demonstrieren, oder sie in einem gemeinsam ausgedachten Abschlußspiel mit dem Rest der Gruppe teilen oder einfach darüber diskutieren. Der Leiter kann über die Aussagen der Teilnehmer Aufzeichnungen führen und, soweit er es für notwendig erachtet, dazu für das nächste Treffen ein neues Spiel erstellen oder aus der vorliegenden Spielesammlung wählen. Der Leiter muß sich für jede Stunde ein bestimmtes Ziel setzen und in der Schlußphase entscheiden, ob es erreicht wurde. Beim Erstellen eines vollständigen Programms muß bei der Auswahl der Spiele darauf geachtet werden, ob sie der Erreichung des gestellten Zieles förderlich sind.

Beispiel:

Ziel ist es, die Zusammenarbeit zwischen den einzelnen Mitgliedern der Gruppe zu fördern, vielleicht weil ein oder zwei neu in der Gruppe sind. Für die Einleitung bieten sich einige Spiele der Sinneswahrnehmung an, in denen die Spieler gemeinsam arbeiten oder etwas aneinander entdecken können. Im Hauptteil können die Teilnehmer mit einem Requisitenspiel konfrontiert werden, sodaß sie sich über den Einsatz der Requisiten einigen müssen. Der Umgang mit den Requisiten sollte schon in der Einleitung geklärt worden sein, sodaß die Teilnehmer nun das Objekt ihrer Wahl kreativ verwenden können. Sie sollen dazu angehalten werden, verschiedene Einsatzmöglichkeiten ihrer Requisite zu entdecken und ihre Eigenheiten des „wie, warum, wo und wann" zu betonen (siehe: Geschichtenspiele). In der letzten Phase denkt sich eine neu gebildete Untergruppe ein weiteres Spiel aus, das sämtliche der geprobten Punkte beinhaltet, und führt dies den anderen vor. Der Gruppenleiter kann nun beurteilen, ob sich die Zusammenarbeit innerhalb der Gruppe verändert hat, ohne dabei tatsächlich das ursprüngliche Ziel zu erwähnen.

Auswertung

Die folgenden Fragen können als Richtlinie für die abschließende Diskussion gesehen werden:

- War das gewählte Drama-Spiel passend für die Teilnehmer?
- War das Spiel ihren individuellen Lebenserfahrungen angepaßt?
- Wurden die Aufgaben gut formuliert und erklärt?
- War die Gruppe wirklich gefangen von dem Spiel, und waren alle gleichermaßen begeistert?
- Wurde das Stundenziel erreicht?
- Gibt es Anzeichen für die Weiterentwicklung eines Einzelnen oder der Gruppe?
- Schriftliche Aufzeichnungen am Ende jedes Treffens sind wichtig für die folgenden Stunden.

VON DER IDEE ZUR GESCHICHTE

Ein Drama-Spiel kann sich leicht zu einer Produktion oder Aufführung entwickeln, die um vieles größer ist als das kurze Stück am Ende einer Stunde. Die folgende Vorgangsweise zeigt eine solche Möglichkeit:

- Der Gruppenleiter läßt die Teilnehmer über die Themen oder Bereiche, die sie interessieren, sprechen.
- Er macht sich Notizen über das Gesagte.
- Auf Plakaten werden die Vorschläge themenspezifisch geordnet.

Auf diese Art zeigt sich, welche Ideen von Bedeutung sind.

Jede Geschichte oder jedes Thema braucht einen Konfliktpunkt, da ansonsten nur wenig passieren wird. Der Aufbau der Spannung ist ein bedeutender Teil einer interessanten Geschichte. Es bedarf immer eines Reizes, um Dinge ins Rollen zu bringen, woraus sich die Handlung entwickelt. Der Zuseher kann dann herausfinden, worum es in der Geschichte geht, in welche Richtung sie sich entwickelt und wie sie ausgehen wird.

Der Zuseher entdeckt:

- von wem das Stück handelt,
- wo und wann die Geschichte spielt,
- wie die Hauptdarsteller miteinander umgehen,
- was mit den Spielern passieren wird.

Der Gruppenleiter notiert die Wünsche der Teilnehmer und läßt über ein Thema abstimmen. Nun muß entschieden werden, welche Charaktere in der Geschichte vorkommen sollen. Ist das und auch worüber die Geschichte erzählt, geklärt, muß über weitere Charaktere entschieden werden.

Die Spieler sollen die Haupt- und Nebenrollen auflisten und die Charaktere beschreiben: wie sie aussehen, ihr Alter und Geschlecht, wer ist das Kind von wem, wer steht in Beziehung zu wem und wie sind die Charaktere miteinander verwandt. So wie man die verschiedenen Arten von Beziehungen aus dem eigenen Leben kennt, wer ist ein Freund und wer nicht (und warum nicht), so sollen die Spieler die Charaktere beschreiben. Im Anschluß daran sammelt der Gruppenleiter die Informationen ein und präsentiert sie der Gruppe auf Plakaten, sodaß jeder mitentscheiden kann, ob eine bestimmte Rolle weggelassen oder eine weitere hinzugefügt werden soll.

DIE GESCHICHTE

Eine Geschichte besteht aus 5 Teilen:

- Einleitung
- Annäherung an die tatsächliche Geschichte
- Handlung
- Annäherung an die Lösung
- Schluß

In der **Einleitung** erfährt der Zuseher, wie die Charaktere leben, wie sie in den verschiedenen Situationen auftreten, mögliche Probleme und welche Charaktere gegeneinander arbeiten.

Die **Annäherung an den Hauptteil** präsentiert ein unlösbares Problem in einer vertrauten Situation. Es geschieht etwas, das die Geschichte in eine vollkommen neue Richtung gehen läßt.

Im **Hauptteil,** der Handlung, erscheinen die Hauptdarsteller und ihre Gegenspieler im gerade ausgebrochenen Konflikt – die Guten und die Bösen stürzen sich in den Kampf. Dies leitet über zum Höhepunkt, in dem die **letzte Wendung** die **Lösung** signalisiert. Es geschieht etwas, das letztendlich die Geschichte zu einem guten oder schlechten Ende bringt. Es muß nicht immer ein Happy-End sein, sondern es kann auch vorkommen, daß ein Problem einfach unlösbar ist.

Dieses Schema kann an jedes Thema oder jeden Gegenstand angepaßt werden. Wichtig ist dabei nur, daß man weiß, wie die Geschichte endet, ob sich der Konflikt entwickelt und gut dargestellt wird. Es muß im vorhinein feststehen, wie das Spiel beendet wird: Nur so weiß man, wo man beginnen kann und wie der Plan schrittweise verwirklicht werden kann. Bestimmte Probleme in der Präsentation könnten durch Einbringen eines Erzählers gelöst werden, durch ein Lied oder eine Veränderung im Bühnenbild, usw. Wichtig ist, daß der Gruppenleiter nicht versucht, alles alleine zu machen. Bereiche wie Beleuchtung, Ton oder Bühnenbild sollen delegiert werden, damit wirklich alle an der Gestaltung teilnehmen. Mitspieler, die sich an der Organisation beteiligen wollen und können, sollen besondere Aufgabenbereiche zugeteilt bekommen.

EIN BEISPIEL

Nehmen wir als Beispiel das Thema ENTDECKUNG. Da sich ein Thema wie dieses in jede beliebige Richtung ausarbeiten läßt, soll mit der Gruppe eine Ideensammlung dazu erstellt werden. Ein Mitspieler könnte der Forschungsreisende sein, der etwas (Mensch oder Tier) entdeckt.

Szene 1 zeigt einen Professor, zerstreut, klein, klug, tierliebend, der einen weit abgelegenen Teil der Erde erforscht.

Szene 2 zeigt das letzte Exemplar einer längst vergessenen, im Wald lebenden Tierart: ein Rentier, das sehr einsam, traurig und hungrig wirkt.

In Szene 3 entdeckt der Professor das Tier und entscheidet, es zu filmen und anschließend mit nach Hause zu nehmen. Die Heimreise ist geprägt von Gefahren und Rückschlägen: Zum Beispiel gibt es einen Jäger, der schon seit Jahren auf der Suche nach diesem Rentier ist, um seinen Kamin mit der ausgestopften Trophäe zu schmücken.

In Szene 4 kommt der Professor mit dem Rentier zu Hause an. Da das Tier jedoch nicht stubenrein ist, wird sein Haus – trotz eifrigster Bemühungen – zu einem Dunghaufen …

Wir haben hier die Vorstellung der Charaktere und des Tieres, eine Entdeckung, die Überleitung zur echten Geschichte und eine Reihe von Krisensituationen, die die Entdeckung gefährden. Letztendlich beschließt der Professor, lieber gemeinsam mit seinem neuen Freund in einem Rentierstall zu leben, als seine Entdeckung aufzugeben oder angesichts der Gefahren (Jäger und dergleichen) zu kapitulieren.

In diesem Beispiel wurde das Thema zu einer einfachen Kindergeschichte ausgearbeitet, es kann jedoch an jede beliebige Gruppe oder Altersgruppe angepaßt werden.

Wie bereits einige Male erwähnt, ist es sehr hilfreich, den Teilnehmern die richtigen Fragen zu stellen:

Wer sind die Hauptcharaktere, wann und wo findet die Handlung statt, wie und mit welchen Mitteln wird das Problem gelöst und warum wird die Geschichte ausgerechnet auf diese Weise präsentiert, was soll damit ausgesagt werden? (siehe: Geschichtenspiele)

100 Drama-Spiele

Dieses Buch beschreibt zu jedem Bereich mehrere Drama-Spiele. Selbstverständlich ist es möglich, Spiele aus verschiedenen Bereichen zu kombinieren, genauso wie jedes Spiel an das festgesetzte Stundenthema oder den Gegenstand angepaßt werden kann.

Jede Gruppierung wurde zusätzlich noch unterteilt, um zu zeigen, worum es sich im konkreten Fall handelt und welche Akzente wo gesetzt werden können. Neben der jeweiligen Aufgabe finden sich häufig noch mehrere Variationsvorschläge, die zusätzliche Möglichkeiten zur Bearbeitung eines Themas bieten.

Altersgruppe

Jedes Spiel gibt an, für welche Altersgruppe es bestimmt ist, was bedeutet, daß es für Kinder dieses Alters oder älter geeignet ist oder adaptiert werden kann. Will man das Spiel für eine andere Altersgruppe verwenden, kann natürlich das Thema an die Aufgabe angepaßt werden.

Spieldauer

Die angegebene Spieldauer bedeutet die dafür notwendige Mindestzeit. Natürlich können einzelne Elemente eines Spiels herausgenommen und mit einem anderen Spiel kombiniert werden, wodurch auch das Gesamtprogramm beeinflußt wird.

Raum

Wenn nicht ausdrücklich anders angezeigt, ist für die meisten Spiele ein normaler Raum ausreichend. Gleiches gilt für das Bühnenbild oder die Dekoration. Sollte eines der Spiele ein spezielles Bühnenbild benötigen, so wird hierfür eine entsprechende Arbeitsanleitung gegeben.

Teilnehmer

Wenn nicht anders angezeigt, sind sämtliche Spiele für jede Gruppe und auch Gruppengröße geeignet, es empfiehlt sich jedoch, mit kleinen Gruppen zu arbeiten. Jede Aufgabenstellung gibt hierfür Vorschläge.

Material

Es kann vorkommen, daß für ein Drama-Spiel Materialien, Requisiten, Bühnenbild oder sogar Ton- und Beleuchtungstechnik benötigt werden, was jedoch am Beginn der Aufgabe erklärt wird.

Weitere Literaturvorschläge finden sich am Ende des Buches.

Kennenlernspiele

Kennenlernspiele sind dazu bestimmt, Menschen miteinander bekannt zu machen. Kennt man sich nicht gegenseitig, kann es unangenehm sein, miteinander ein Spiel zu spielen. Man weiß nicht, wie die anderen handeln, wie sie sprechen, wie ihr Charakter ist, ob sie eine laute oder leise Stimme haben, ob sie sich davor fürchten, vor anderen zu spielen oder sich auszudrücken.

Aus diesen Gründen helfen Kennenlernspiele den Teilnehmern, unbefangen zu werden, und sie geben ihnen die Möglichkeit, das Gegenüber auf eine besondere Weise zu entdecken, interessante Charakteristika oder spezielle Merkmale zu erkennen.

Die Teilnehmer arbeiten alle gleichzeitig an der Aufgabe und schenken Einzeldarstellern wenig Beachtung. Die Aufgaben dauern nicht lange, und man schreitet schnell von einem Spiel zum anderen. In jedem Spiel gibt es häufige Partnerwechsel, sodaß man rasch alle kennenlernt und nicht mit einem bestimmten Partner zu lange zusammenarbeiten muß. Die Teilnehmer beschäftigen sich hier mit ersten Eindrücken und nicht mit exakten Analysen der Fähigkeiten oder Unzulänglichkeiten anderer. Bei der Arbeit mit einer neuen Gruppe ist sich der Spielleiter dessen bewußt und sollte sorgfältig darauf achten, daß sich alle Gruppenmitglieder sicher fühlen und sich frei ausdrücken können.

1 Namensspiel

Altersgruppe: 6 Jahre und älter
Dauer: 5 Minuten

Alle sitzen oder stehen im Kreis. Der Gruppenleiter sitzt unter den Teilnehmern und sagt laut seinen Namen. Beginnend mit dem Spieler an seiner rechten Seite sagen nun der Reihe nach alle ihren Namen. Nachdem alle an der Reihe waren, beginnt eine neue Runde.

Dieses Mal nennt der Gruppenleiter den Namen seines rechten Nachbarn, dieser wiederum nennt den Namen seines rechten Nachbarn, usw., bis sich der Kreis geschlossen hat. Wer hat in der ersten Runde darauf aufgepaßt, wer neben ihm ist?

VARIATIONEN

- Das gleiche Spiel, nur in die andere Richtung, sodaß man sich den Namen des linken Nachbarn merken muß.
- Das gleiche Spiel, doch wenn man seinen eigenen Namen sagt, tut man dies laut, schroff, schreiend oder in weiteren Stimmvarianten. Der eine flüstert, während der andere laut heraus schreit. Ein anderer ahmt den Tonfall des ersten Spielers nach. Soll man seinen Namen laut oder leise sagen? Vielleicht möchte man Emotionen hineinstecken? Das passiert sicherlich unbewußt, oder es kann die nächste bewußte Variante sein, sobald der Leiter sieht, daß die Gruppe damit umgehen kann.
- Man nennt seinen Namen und macht gleichzeitig eine Bewegung, die zu einem paßt. Die anderen wiederholen nun den Namen und die Bewegung. Die Stimmkraft und die Bewegung sagen oft viel über eine Person aus.

2 Begrüßungen

Altersgruppe: 6 Jahre und älter
Dauer: 5–10 Minuten

Der Gruppenleiter sagt zwei Grußworte wie „Hallo" und „Tschüß", oder etwas Ähnliches. Die Teilnehmer spazieren im Raum herum und treffen aufeinander, wobei jedes Mal der eine „Hallo, Tim" sagt – oder welchen Namen derjenige hat – und der andere mit „Tschüß, Sally" (oder wie auch immer der Name ist) antwortet. Bei jedem Aufeinandertreffen nennt man sich beim Namen. Wer will, kann auch die Hände schütteln.

VARIATIONEN

- Die gleiche Begrüßung, aber dieses Mal fügt man eine Bewegung hinzu: z. B. eine Verbeugung beim Treffen und Winken beim Verlassen. Ist die Gruppe noch nicht soweit, selbst passende Bewegungen zu finden, kann der Leiter zwei Vorschläge machen, die alle Spieler verwenden können.
- Die Begrüßungen (Hallo, Tim / Tschüß, Sally) werden nicht gesprochen, sondern gesungen. Dies kann im Opernstil oder auf jede andere beliebige Art getan werden, vielleicht sogar im Rap-Stil (hier werden die Worte und Silben in einem bestimmten Rhythmus gesprochen).

3 Was hast du getan, als du ...?

Altersgruppe: 9 Jahre und älter
Dauer: 10–20 Minuten

Der Spielleiter fragt die Gruppe: „Hab ich euch schon erzählt, was passierte, als ich heute Morgen aufstand?" Die zu erwartende Antwort ist natürlich „Nein", da er es ihnen noch nicht erzählt hat.

Damit beginnt der Gruppenleiter das neue Spiel und gibt die Geschichte, nachdem er einige Zeilen erzählt hat, an einen anderen Spieler weiter, indem er ihn fragt: „Was hast du getan als ...?"

Die folgenden Beispiele bringen die Teilnehmer dazu, einige Sätze zu erzählen, wobei sie ständig mit der gleichen Frage, aber mit wechselndem Inhalt konfrontiert werden:

– „... plötzlich der Portier total verwirrt war?"
– „... du letzte Woche mit deinem neu gebauten Raumschiff auf dem Mond gelandet bist?"
– „... du gestern 5 Portionen Spaghetti gegessen hast?"
– „... du während des letzten Tests beim Schwindeln erwischt wurdest?"

Der Spielleiter hat eine große Auswahl von Fragen und Antworten notiert, um ausreichend Vorschläge zur Verfügung zu haben.

4 Gruppenfoto

Altersgruppe: 9 Jahre und älter
Dauer: 10–15 Minuten

Der Leiter bittet 2 oder 3 Teilnehmer, sich auf eine Bank zu setzen und eine Position einzunehmen, die anzeigt, daß es ein sehr warmer Sommertag ist.

Jeder Mitspieler nimmt eine Pose ein und gemeinsam bilden sie ein Gruppenfoto. Der Leiter bittet sie nun, in dieser Stellung zu verharren und „macht ein Foto". Anschließend teilen sich alle in Vierergruppen auf, und während der Leiter im Raum herumgeht, nennt er das Thema für das nächste Foto. Solche Themen könnten sein:

● Es ist eiskalt auf der Bank, und ihr sitzt ohne Mäntel dort.
● Ihr seid Fotomodelle, deren Fotos in der Zeitung erscheinen.
● Jetzt seid ihr plötzlich gealtert und sitzt auf der Bank wie eine Gruppe alter Leute.

Man kann sich alle möglichen Situationen ausdenken, und der Gruppenleiter wechselt das Thema von einer Minute auf die andere, um den Spielern keine zu lange Nachdenkpause über ihre Pose zu geben. Der Spielleiter hat natürlich im vorhinein eine Anzahl verschiedener Situationen geplant.

VARIATION

● Jeder Spieler bringt Fotos von Magazinen oder Zeitungen mit, die er interessant findet, oder eigene Fotos, die seine Familie in netten oder lustigen Posen zeigen. Es werden Kleingruppen gebildet, und jede Gruppe probt vier Posen. Hat die Gruppe mit dieser Art der Aktivität noch keine Erfahrungen, sollte ein Foto als Beispiel herausgegriffen und vorgezeigt oder nachgeahmt werden, sodaß alle sehen, was von ihnen erwartet wird. Am Ende der Stunde werden die Originalfotos gezeigt, und der Besitzer erklärt, was er daran besonders nett oder interessant gefunden hat.

5 Dein Lieblingsplatz

Altersgruppe: 6 Jahre und älter
Dauer: 10 Minuten

Ob alt oder jung, jeder hat seinen Lieblingsplatz. Der Spielleiter beginnt damit, vorzuspielen, daß er gerade an dem Ort ist, den er sich wünscht: vielleicht in einem Schloß, einer Discothek, einem dunklen Wald oder auf der Autobahn. Die Mitspieler folgen ihm durch den Raum, während er vorzeigt, was er gerade sieht oder interessant findet. Als Führer zeigt er ihnen die Geheimtür im Schloß, wie man die knarrende Treppe hochklettert, wo die Portraits hängen, deren geheimnisvolle Augen jeder Bewegung folgen ... Die anderen Spieler folgen ihm, als wären sie im Museum. Der Spielführer stellt seine Lieblingssituation dar, was jedoch nicht länger als eine halbe Minute dauert, wobei die anderen sofort in seine Geschichte eingebunden werden. Er beendet seine Geschichte, indem er stehen bleibt und auf einen Mitspieler zeigt, der nun mit einer vollständig anderen Situation fortsetzt : z. B: läuft er an den anderen vorbei, dribbelt einen Ball an einem Partner vorbei und am nächsten und am nächsten und ... Tor! Die anderen Mitspieler greifen sogleich die Idee auf, und gemeinsam genießen sie es, mitten in einem Fußballspiel zu sein.

6 Wer bist du jetzt?

Altersgruppe: 6 Jahre und älter
Dauer: 10 Minuten

Jeder spaziert im Raum herum, und auf ein Zeichen des Spielleiters grüßt er in der vorgegebenen Weise die Mitspieler, auf die er trifft. Der Gruppenleiter hat eine Auswahl verschiedener Begrüßungsformen vorbereitet (eventuell schriftlich), oder er erfindet spontan neue. Die Spieler grüßen sich gegenseitig mit Frage und Antwort, wie z. B.: „Hallo, wie geht's?" und als Antwort „Danke, sehr gut".
Die Art und Weise, wie ein Spieler den anderen begrüßt, könnte sein:
- als der beste Freund
- als der größte Feind
- als Freund, den man schon lange nicht mehr gesehen hat
- ablehnend (man will sich überhaupt nicht sehen)
- ausweichend
- sehr schüchtern
- wie ein Roboter usw.

Die Spieler könnten auch versuchen, sich in der entsprechenden Art die Hände zu schütteln.

VARIATIONEN

- Die Begrüßung wird durch Gesten unterstützt: z. B. Umarmungen, wenn man seinen besten Freund trifft, oder Abwenden beim Treffen mit dem Feind. Der Gruppenleiter sollte jedoch darauf achten, daß vor allem beim Treffen mit dem Gegner aggressivere Gesten vermieden werden.
- Paarweise werden die gleichen Begrüßungen in Folge ausgeführt, eventuell auch über die größtmögliche Entfernung hinweg. Geschwindigkeit und Lautstärke können auch variiert werden.

7 Schnelle Reaktionen

Altersgruppe: 6 Jahre und älter
Dauer: 5–10 Minuten

Jeder Spieler sucht sich seinen Platz im Raum. Der Spielleiter steht so, daß ihn alle sehen können, und führt eine kurze Pantomime vor: z. B. Zähneputzen. Alle anderen machen es ihm nach, bis er auf einen anderen Spieler zeigt, der nun seinerseits die Pantomime, die ihm gerade einfällt, vorzeigt. Jeder Spieler soll eine Pantomime, die mehr oder weniger am gleichen Platz ausgeführt werden kann, vorführen.

Der Gruppenleiter sollte verschiedene Ideen vorbereitet haben, falls einem der Spieler nichts einfällt. Einige Beispiele: Schlafwandeln, Essen servieren, Auto waschen, Tennis spielen, Blumen in einer Vase arrangieren, ein Ei braten, ...

VARIATIONEN

- Anstatt sich gegenseitig nachzuahmen, wiederholen die Spieler die Bewegung individuell verschieden. Hier sieht man dann eine einfache Handlung wie Zähneputzen auf viele verschiedene Arten und lernt sich somit besser kennen.
- Mit einer Gruppe, die bereits Erfahrung mit Drama-Spielen hat, kann die Bewegung noch von passenden Geräuschen begleitet werden.
- Einer erfahrenen Gruppe könnte folgende Aufgabe gestellt werden: Denk dir eine Pantomime aus, die an die vorher gezeigte anschließt. Die zweite Pantomime kann in einem logischen Zusammenhang mit der ersten stehen (Zähneputzen – waschen oder ankleiden), oder sie kann eine Erweiterung der ursprünglichen Bewegung sein.

- Die Bewegung wird übernommen und vom nächsten Spieler ausgebaut: Das Zähneputzen greift somit auf den ganzen Körper über und wird zum Körperbürsten. Die Teilnehmer können aus der ursprünglichen Pantomime absurde Karikaturen entstehen lassen.

8 Die verrückte Geschichte

Altersgruppe: 6 Jahre und älter
Dauer: 10–20 Minuten

Als Beginn nimmt man eine Geschichte von 10–15 Zeilen und teilt Kopien an alle Teilnehmer aus. Diese bilden Kleingruppen (ungefähr 4 Personen), und jeder liest die Geschichte für sich selbst. Dann wird die Geschichte laut wiederholt, wobei alle den Text mitlesen können. Der Leiter geht zu den einzelnen Gruppen und macht Vorschläge, auf welche Weise sie die Geschichte den anderen erzählen können: ängstlich, nervös, überschwenglich, voller Erleichterung, wie in einem Werbespot oder wie die Nachrichten, als Geburtsanzeige, usw. Der Gruppenleiter hat sich im vorhinein eine Anzahl verschiedener Möglichkeiten ausgedacht. Er kann die Gruppen auch ermuntern, die Art, wie sie beim Erzählen der Geschichte stehen, als zusätzliches Ausdrucksmittel zu nutzen. Es ist dabei nicht notwendig, den Text auswendig zu lernen. Für jüngere Spieler könnte man auch einen Reim oder ein Lied, das sie bereits gelernt haben, verwenden, da ein geschriebener Text für die jüngste Altersgruppe nicht verwendbar ist. Falls das Spiel zu schwierig ist, kann man damit beginnen, mehrere verschiedene Arten des Geschichtenerzählens vorzuzeigen, die die Teilnehmer dann imitieren können.

9 Bewegungsmuster

Altersgruppe: 6 Jahre und älter
Dauer: 5–10 Minuten

Die Spieler bewegen sich durcheinander im Raum. Auf ein Zeichen des Spielleiters bleiben sie stehen und schauen auf denjenigen, auf den der Leiter zeigt. Dieser bewegt sich durch den Raum: auf und ab mit Schleifschritten, mit eckigen Bewegungen oder runden Formen, usw. Nun machen alle Teilnehmer diese Bewegungsmuster nach. Falls notwendig, kann der Leiter einige Beispiele vorzeigen. Welches Bewegungsmuster gefällt am besten? Nachdem alle die vorgezeigten Muster wiederholt haben, bestimmt der Leiter einen neuen Spieler.

VARIATIONEN

- Ist ein Spieler von einem bestimmten Bewegungsmuster eines anderen besonders fasziniert, kann er sich ihm anschließen und muß nicht unbedingt ein neues erfinden. Dadurch entstehen Kleingruppen, die sich in ihren individuellen Formen durch den Raum bewegen und dabei aufeinander treffen. Der Gruppenleiter achtet darauf, daß keiner der Spieler durch ein Bewegungsmuster eines anderen gestört wird. Wer zieht eckige Bewegungen den runden vor?
- Jedes Bewegungsmuster kann mit einem Geräusch kombiniert werden. Die anderen Spieler ahmen dann Geräusch und Bewegung nach und erfahren so, wie sich derjenige bewegt, wie er spielt und singt.
- Jedes Bewegungsmuster deutet eine bestimmte Situation an: Man springt im Zick-Zack-Muster durch den Park, mäht quer durch ein Weizenfeld, usw. Es sollte versucht werden, den Bewegungsmustern einen dramatischen Aspekt zu geben.

10 Spiel deine Geschichte

Altersgruppe: 6 Jahre und älter
Dauer: 15 Minuten

Im Kreis wird eine Geschichte erzählt und gespielt. Jeder einzelne erzählt und spielt einige Sätze, wobei er in der Kreismitte steht. Falls notwendig, kann der Leiter mit einer Geschichte beginnen; er soll jedoch auf jeden Fall darauf achten, daß die Geschichte zu einem Abschluß kommt. Jeder Beteiligte versucht, seine Geschichte mit viel Phantasie auszuschmücken, wobei es sich auch um eine Fortsetzung der vorangegangenen handeln kann. Es kann auch mit der Gruppe vereinbart werden, daß ein bestimmter Hauptcharakter in allen Geschichten vorkommen muß.

VARIATION

- Der Leiter beginnt mit einer Geschichte und gibt sie an einen anderen Spieler weiter, indem er ihm namentlich die Frage stellt „Und was hat Joe (der Name des jeweiligen Spielers) als nächstes getan?"

Jeder Spieler sieht, ob er sich daran beteiligen kann oder nicht, und jeder, der teilnimmt, stellt etwas anderes dar. Während der eine seine Geschichte spielt, sehen die anderen, ob sie etwas hinzufügen können oder nicht.

Z. B. könnte der Leiter sagen:„Ein Junge fährt mit dem Rad die Straße entlang" (er spielt die Situation während des Sprechens vor). „Es ist stürmisch und plötzlich verliert der Junge die Kontrolle über sein Rad und stürzt. Was hat Joe dann getan?"

Spiele der Sinneswahrnehmung

Jede Handlung ist von Konzentration begleitet. Beim Darstellen einer Geschichte ist es nötig, seine Sinne einzusetzen, denn ohne gutes Wahrnehmungsvermögen ist gutes Schauspielen unmöglich. Man beobachtet aufmerksam, wie sich eine Person bewegt; wie andere sprechen; man beobachtet Gegenstände und Tiere; riecht unterschiedliche Materialien; schmeckt verschiedene Dinge; hört, was andere zu sagen haben; fühlt, was jemand meint; fühlt, ob ein Material hart oder weich ist. Das gesamte Spiel wird durch das eigene Wahrnehmungsvermögen beeinflußt. Setzt man im täglichen Leben seine Sinne nicht voll ein, versäumt man vieles. In Drama-Spielen kommen die eigenen Sinneserfahrungen zum Einsatz: Ein Vielfraß ißt, ohne etwas zu schmecken; jemand, der nervös ist, bringt leichter etwas durcheinander als jemand, der ruhig ist; man liest jemanden seinen Ärger vom Gesicht ab. Kurz gesagt, man sollte beobachten, was andere tun, wenn sie ihre Sinne gut einsetzen und wenn sie sie vernachlässigen. Hat man bereits eigene Sinnes-Erfahrungen gemacht, ist es wichtiger, sich nun zu fragen, ob man sie auch in die Rolle, die man spielt, einbringen kann.

Der Leiter muß ausschließen, daß die Teilnehmer bei Spielen der Sinneswahrnehmung in gefährliche Situationen kommen; es sollten keine gefährlichen oder unsicheren Substanzen angeboten werden, und die Spieler sollten sich vergewissern, daß andere nicht allergisch reagieren auf eßbare oder nicht eßbare Materialien, die bei den verschiedenen Spielen verwendet werden.

11 Die Geschichte des Fühlens

Altersgruppe: 6 Jahre und älter
Dauer: 10–20 Minuten

Gespielt wird paarweise, wobei einer der Führer ist und der andere geführt wird. Partner A wird mit verbundenen oder geschlossenen Augen durch den Raum geführt und stößt auf alle Arten von Materialien oder Gegenständen, die er berühren, in die Hand nehmen und fühlen muß, während Partner B eine Geschichte erzählt, in der diese Objekte vorkommen. Die Geschichte könnte von einer Wanne, gefüllt mit angenehm duftenden Essenzen, erzählen oder von einer Pfanne, voll mit dickem Haferbrei usw. Einige Substanzen können dabei auch genannt werden, obwohl es sicher aufregender ist, dies zu vermeiden. Man kann eine bekannte Geschichte verwenden, doch ist es lustiger, mit der Hälfte der Gruppe (bestehend aus den B-Partnern) eine zu erfinden. Es ist ratsam, die Geschichte eine Woche im voraus vorzubereiten. In der Zwischenzeit können sich auch die „Forscher" eine Geschichte für die andere Gruppe ausdenken, da diese in der nächsten Woche die A-Partner sein werden.

Es ist wichtig, daß der Leiter auf die Sicherheit aller Gruppenmitglieder achtet: Niemand darf in eine gefährliche Situation gebracht werden.

Es dürfen keine schmutzigen oder gefährlichen Materialien verwendet werden, und man sollte eine Schüssel Wasser und Handtücher bereithalten, sodaß sich die Spieler bei Bedarf Hände und/oder Gesicht waschen können.

12 Was gibst du weiter?

Altersgruppe: 6 Jahre und älter
Dauer: 10 Minuten

Die Gruppe sitzt im Kreis. Der Spielleiter hat einen Sack oder einen zugedeckten Korb, in dem Gegenstände von sehr unterschiedlichen Formen und Materialien sind. Die Spieler verbinden sich die Augen und reichen einen Gegenstand weiter. Ein Spieler beschreibt, was er fühlt, ohne dabei den Gegenstand zu nennen, und gibt ihn dann weiter. Jeder einzelne sagt etwas über die Härte des Materials, ob es sich kalt oder warm anfühlt, welche Formen erkennbar sind. Während auf diese Weise der Gegenstand im Kreis weitergereicht wird, erkennen allmählich alle, was beschrieben wird. Es kann sein, daß einige Spieler zu Beginn Hilfestellung brauchen, was die Beschreibung der Gegenstandsmerkmale betrifft, da sie nicht daran gewöhnt sind, mehr über etwas zu sagen, als daß es hart oder weich ist. Alle Gruppenmitglieder sollen die Möglichkeit haben, alles zu sagen, was ihnen einfällt. Wenn nötig, kann sich auch der Gruppenleiter die Augen verbinden und als Beispiel eine genaue Beschreibung eines Objektes geben.

13 Gesicht und Hände

Altersgruppe: 9 Jahre und älter
Dauer: 10 Minuten

Wenn sich die Spieler untereinander nicht kennen, so kann dieses Spiel auch als Kennenlernspiel eingesetzt werden. Die Gruppe wird geteilt: Einer Hälfte werden die Augen verbunden (A), die andere Hälfte (B) kann sehen. Jeder B-Spieler wählt einen aus der Gruppe A und läßt ihn sein Gesicht und seine Hände berühren. Findet dieser heraus, wer es ist? Nach mehreren Partnerwechseln werden die Rollen getauscht, und ein neues Spiel beginnt. Nicht jeder läßt sich gerne die Augen verbinden oder berührt gerne andere. Der Leiter sollte sich dessen bewußt sein und niemanden, der sich dabei nicht wohl fühlt, zum Mitspielen zwingen.

14 Ein fremder Raum

Altersgruppe: 6 Jahre und älter
Dauer: 30 Minuten
Vorbereitung: wenigstens 30 Minuten

Ein Raum, den jeder gut kennt, oder vielleicht ein Korridor im Haus, den man so gut kennt, daß man ihn blind zeichnen könnte, wird verändert: Er wird z. B. ansteigend oder abfallend, verengt oder niedriger gemacht. Es können Gegenstände oder Materialien aufgestellt bzw. umgelegt werden oder herunterhängen, die die ursprüngliche Raumbeschaffenheit zusätzlich verändern. Einige bekannte Merkmale sollen jedoch verbleiben, sodaß sich der „Blinde", der durch den Raum geführt wird, auch orientieren kann. Die Gruppenhälfte, die mit der Veränderung des Raumes betraut ist, benötigt dazu mindestens 30 Minuten Vorbereitungszeit. Nachdem jeder durch den Raum geführt worden ist, kann nun die andere Hälfte einen Raum „verfremden". Der Leiter achtet darauf, daß keine gefährlichen Hindernisse überwunden werden müssen.

15 Wem gehört das?

Altersgruppe: 6 Jahre und älter
Dauer: 10 Minuten

Genaues Beobachten zu erlernen ist eine Gabe. Viele Menschen schauen sich nicht wirklich gegenseitig an oder sind nicht daran interessiert, welche Kleider der andere trägt. Für Gruppen, die einander nicht kennen oder nicht wissen, was die anderen gerne tragen, sind zwei Spiele möglich. Man kann sie raten lassen, welches Kleidungsstück, welcher Schuh und dergleichen zu wem gehört. Oder man gibt ihnen zuerst Gelegenheit, sich gegenseitig genau anzusehen, und auf ein Zeichen des Spielleiters gibt jeder ein Kleidungsstück, einen Schuh oder ähnliches in die Raummitte. Alle setzen sich in einen Kreis. Ein Spieler beginnt damit, einen Gegenstand aufzuheben und an seinen Besitzer zurückzugeben. Einer nach dem anderen gibt nun einen Gegenstand an den vermeintlichen Besitzer. Irrt sich der Spieler, so greift der wirkliche Besitzer oder der Spielleiter ein.

VARIATIONEN

- Der Spieler, der einen Gegenstand zurückgibt, nennt zuerst den Besitzer und begründet seine Entscheidung. Der Gruppenleiter achtet darauf, daß die Erklärung positiv begründet ist.
- Die gleiche Aufgabe, doch zusätzlich erklärt der Besitzer, woher er den Gegenstand hat und warum er ihn mag oder nicht. Hat ein Gegenstand eine besonders interessante Geschichte, so könnte sie von der Gruppe vorgespielt werden.
- Alle Gegenstände liegen in der Kreismitte, und der Besitzer beginnt damit, seinen Artikel zu beschreiben und die dazu passende Geschichte zu erzählen. Steht jemand aus dem Kreis auf und greift den richtigen Gegenstand heraus? Kann man aus der Geschichte erkennen, was es ist?

16 Alles, was rund ist

Altersgruppe: 6 Jahre und älter
Dauer: 10 Minuten

In dem Gebäude, in dem sich die Gruppe trifft, findet man alle möglichen runden Objekte, große und kleine. Vielleicht könnten auch die Gruppenmitglieder interessante runde Gegenstände von zu Hause mitbringen. Alle Gegenstände werden ausgestellt, damit jeder sieht, wie viele runde Objekte es gibt und wie sie sich voneinander unterscheiden. In diesem Fall ist „RUND" nur ein Beispiel, man kann mit jeder möglichen Form spielen. Die Teilnehmer nehmen alles Runde bewußt wahr. Die Gegenstände, die von zu Hause mitgebracht wurden, können von ihren Besitzern beschrieben werden, wobei erzählt wird, woher das Objekt kommt und was so besonders daran ist.

VARIATIONEN

- Während sich die Spieler die Ausstellung ansahen, wurde ein Gegenstand vom Leiter entfernt. Wer weiß, welches Objekt fehlt?
- Die erste Ausstellung ist eine Sammlung von Objekten. Die zweite Ausstellung wird nach Art und Größe angeordnet. Der Spielleiter überwacht die neue Anordnung und macht möglicherweise Vorschläge.
- Welcher Gegenstand lädt zu einem Spiel ein? Welche Geschichte steckt hinter dem runden Aschenbecher? Und dem gelben Ball?
- Vielleicht besteht die Ausstellung aus lauter gefundenen oder verlorenen Gegenständen?

17 Sehen mit geschlossenen Augen

Altersgruppe: 9 Jahre und älter
Dauer: 10 Minuten

Alle sitzen im Kreis und schließen die Augen, nachdem der Spielleiter auf einen Mitspieler gezeigt hat. Dieser beschreibt einen der Teilnehmer so genau wie möglich: wie er aussieht, seine physischen Merkmale und vielleicht auch seinen Charakter. Im vorhinein wird mit der Gruppe vereinbart, daß sich niemand negativ über einen anderen äußern soll. Die anderen hören sich die Beschreibung an und sehen die Person mit geschlossenen Augen vor sich. Wer glaubt zu wissen, wer gerade beschrieben wird, hebt die Hand, läßt aber seine Augen geschlossen. Der Spielleiter gibt ein Signal, wann alle ihre Augen öffnen dürfen und die Antwort gegeben wird. Dieses Spiel kann zwei- oder dreimal mit verschiedenen Spielern wiederholt werden, jedoch nicht sehr viel öfter während einer Stunde, da es sonst langweilig wird. Es kann natürlich mit einem anderen Spiel kombiniert werden, was es noch interessanter macht.

18 Ich sehe was, das du nicht siehst

Altersgruppe: 6 Jahre und älter
Dauer: 10 Minuten

Es erfordert einiges Training, über ein Ding, ein Objekt sprechen zu können. Jeder spielte als Kind „Ich sehe was, das du nicht siehst", wobei normalerweise nur die Farbe beschrieben wird, während der Partner herumschaut und rätselt, was es ist. Bei diesem Spiel wird ebenfalls ein Gegenstand mit offenen Augen erraten. Der Sprecher erzählt so viel wie möglich über das Objekt, erwähnt jedoch Farbe, Form und was es ist, erst, wenn es niemand errät.

VARIATIONEN

- Das gleiche Spiel kann auch mit geschlossenen Augen gespielt werden: Die Gegenstände liegen in der Kreismitte, eventuell verdeckt, und der Gegenstand, der gerade beschrieben wird, wird darunter hervorgezogen.
- Mit einer erfahrenen Gruppe kann der Gegenstand in Form einer dramatischen Geschichte beschrieben werden – der Sprecher denkt sich eine Geschichte aus, in der das Objekt vorkommt: z.B. der rote Ring, den das Mordopfer auf den Gehsteig fallen ließ ... oder die Brosche, die dem glatzköpfigen Sänger in der Bar gehörte.

19 Reise durch den Raum

Altersgruppe: 6 Jahre und älter
Dauer: 30 Minuten Spielzeit
Vorbereitung: 30 Minuten

Die Teilnehmer, die durch den Raum geführt werden, kommen an verschiedenen Stellen vorbei, wo mittels Geräuschen eine bestimmte Landschaft dargestellt wird. Der Führer verbindet seinem Mitspieler die Augen und leitet ihn durch den Raum (kleine Kinder sollten entweder vom Gruppenleiter oder einem Elternteil geführt werden). An verschiedenen Stellen sind Gegenstände wie Glocken, raschelnde Blätter, über die man geht, etc. Die

Gegenstände können herunterhängen, am Boden liegen oder an der Wand fixiert sein. Während man daran vorbei kommt, erzählt der Führer eine Geschichte dazu. Diese Geschichte kann im vorhinein vorbereitet werden, wobei es dann am besten ist, die dafür notwendigen Gegenstände ebenfalls eine Woche vorher zu besorgen, damit sie in die Geräuschgeschichte passen. Unangenehmer oder unerwarteter Lärm sollte jedoch vermieden werden, um die Teilnehmer nicht zu erschrecken. Im Mittelpunkt des Spiels steht nicht die Aufregung, sondern die Erfahrung mit Geräuschen in einer dafür vorbereiteten Umgebung.

20 Hörst du, was sie spielen?

Altersgruppe: 9 Jahre und älter
Dauer: 10–15 Minuten

Ein Theaterstück kann auf verschiedene Weise vorgetragen werden. Das Publikum beschwert sich öfters, daß das Stück akustisch nicht verständlich ist. Viele Laiendarsteller sprechen und artikulieren nicht gut oder klar.

Der Spielleiter kopiert aus einem Buch für alle Spieler einen Text (wenn möglich mit viel Dialog) oder er schreibt selbst ein Stück, das einige Minuten dauert. Dieser Text ist die Requisite für dieses Spiel. Die Teilnehmer dürfen das Spiel zwei- oder dreimal auf verschiedene Arten ausprobieren. Sie werden aufgefordert, das Stück „konventionell" aufzuführen, das andere Mal sollen sie jedes Wort davon schreien oder flüstern. Noch interessanter ist es, die Lautstärke mitten im Spiel zu verändern. Auf diese Weise wird, der Text, den der Leiter selbst geschrieben oder in einem Buch gefunden hat, lustiger anzuhören.

VARIATION

● Der Text wird sehr leise gesprochen, sogar bis zu dem Maße, daß der Zuseher die Spieler sprechen hört, jedoch ihre Lippen und Bewegungen beobachten muß, um zu verstehen, was sie darstellen. Es kann auch äußerst übertrieben werden: Die Sätze werden übertrieben ausgesprochen und die Bewegungen in Zeitlupe ausgeführt. Die Darsteller erhöhen allmählich die Lautstärke, sodaß die Worte gerade hörbar sind. Das Spiel erfordert ein beträchtliches Ausmaß an Konzentration, doch ist es lustig zu spielen und interessant zuzuhören. Das Publikum sollte im Anschluß fähig sein, einen Bericht über das Stück zu geben.

21 Was ist in der Dose?

Altersgruppe: 9 Jahre und älter
Dauer: 10 Minuten

Der Gruppenleiter und mehrere Teilnehmer bringen leere Konservendosen mit, sowie eine größere Anzahl Plastiktüten und starken Klebestreifen. Zusätzlich dazu benötigt man getrocknete Erbsen, Kieselsteine, Murmeln, Sand, Vogelfutter und ähnliches, womit die Dosen gefüllt und anschließend versiegelt werden. Nun werden sie weitergereicht – die Dosen sind nicht beschriftet und sehen alle gleich aus –, und die Spieler hören auf das Geräusch, das sie machen. Was ist in der Dose? Der Spielleiter muß natürlich wissen, womit die jeweilige Dose gefüllt ist.

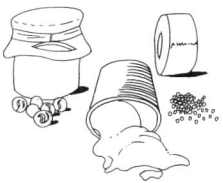

22 Blind zuhören

Altersgruppe: 6 Jahre und älter
Dauer: 10 Minuten

Hast du schon jemals jemanden spät abends verloren? Man muß dann leise nach ihm rufen und so versuchen, ihn zu finden ...

Dieses Spiel wird paarweise gespielt, wobei B versucht, A durch verbale Anweisungen zu führen: A werden die Augen verbunden, und B steht irgendwo im Raum und macht Geräusche. Es ist schwieriger als man glaubt, wenn mehrere Personen gleichzeitig Geräusche produzieren, während sich mehrere „blinde" Spieler durch den Raum bewegen. Aus diesem Grunde ist es besser, das Spiel mit nur einem Paar zu beginnen, damit die anderen sehen können, wie schwierig das Leiten ist. Partner B und der Spielleiter müssen darauf achten, daß A nicht gegen irgendwelche Gegenstände stößt. A darf sein Ziel nur auf Grund der mündlichen Anweisungen von B erreichen, was bedeutet, daß B auf der gleichen Stelle bleiben muß. Geführt wird A nur durch Geräusche und Worte, wobei es viel schwieriger ist, sich nur mit Geräuschen zu verständigen. Deswegen ist diese Variante auch besser für ältere Kinder geeignet. Nach der ersten Runde tauschen A und B die Rollen.

VARIATION

● Die oben erklärte Aufgabe wird nun auf eine Reise ausgedehnt, in der ein Mitspieler geführt wird. Es kann sich auch um eine Schatzsuche handeln, bei der der Führer mit seinem Partner vereinbart, welches Geräusch ihm angibt, in eine bestimmte Richtung zu gehen bzw. sich auf oder ab zu bewegen. A wird dann mittels der Geräuschsignale seines Partners geführt. A ist vollkommen auf die Genauigkeit der Signale seines Partners angewiesen, besonders dann, wenn er Richtungsänderungen vornehmen muß.

23 Deine Dose mit Süßigkeiten

Altersgruppe: 4 Jahre und älter
Dauer: 10 Minuten

Dieses Spiel ist ein Geschmacksspiel. Jeder Teilnehmer bringt eine Schachtel gefüllt mit allen möglichen „Süßigkeiten": Zuckerstücke, in Folie gewickelte Zwiebelstücke, Lakritze, usw. Es bleibt der Kreativität jedes Spielers überlassen, womit er seine Schachtel füllt. Es ist nicht notwendig, daß jeder alle „Süßigkeiten" der anderen probiert, sondern der Gruppenleiter kann Kleingruppen bilden lassen. Wenn das Spiel gut ankommt, kann es in anderen Kleingruppen in der folgenden Woche wiederholt werden, wobei auch die Schachteln mit einer neuen Auswahl an „Süßigkeiten" gefüllt werden können. Der Spielleiter sollte jedoch darauf achten, daß keine unangenehmen „Süßigkeiten" angeboten werden. Die Teilnehmer können das Spiel mit offenen oder verbundenen Augen spielen und, wenn sie wollen, den „Geschmack" kommentieren.

24 Koste alles

Altersgruppe: 6 Jahre und älter
Dauer: 1 Stunde

Was für ein Mahl: Nach vorheriger Absprache mit allen Mitspielern bereitet jeder ein Gericht vor, und alle kosten sämtliche Speisen.

Es soll nicht bedeuten, daß man jeden Teller auf-essen muß, sondern daß man alles probiert und genießt, was jeder zubereitet hat. Besonders nett ist es, wenn jeder beschreiben kann, mit wieviel Sorgfalt er sein Gericht bereitet hat, und die ande-ren Komplimente machen, was ganz besonders geschmackvoll daran ist. Dieses Spiel kann mit großer Sorgfalt gespielt und vom Spielleiter gelenkt werden, was bedeutet, daß der Leiter bemerkt, wenn ein Spieler mehr Erklärungen über etwas abgeben möchte (oder eine Rede halten möchte). Hier handelt es sich um ein Drama-Spiel über Speisen und Essen.

25 Ich bin verrückt nach ...

Altersgruppe: 9 Jahre und älter
Dauer: 10 Minuten

Dieses Spiel läßt anderen das Wasser im Mund zusammenlaufen. Jeder Spieler beschreibt ein Gericht in so vielen Details, daß das Interesse der Zuhörer an diesem Rezept mit jedem Satz wächst. Zuerst fordert der Leiter jeden Spieler auf, über sein Lieblingsessen zu sprechen, wobei maßlos übertrieben werden darf. Dadurch wird die Freude am Erzählen der Geschichte – und auch am Zuhören – noch gesteigert. Im Anschluß daran kann es die Gruppe wagen, die Beschreibung eines weiteren Gerichts zu hören. Man kann dabei auch den tatsächlichen Vorgang des Verspeisens beschreiben: wie der Pudding die Zunge kitzelt, wie man ihn für einen kurzen Moment am Gaumen kleben läßt, ...

VARIATIONEN

- Es werden zwei Kreise gebildet: Außen sitzen die Zuhörer und innen die Sprecher. Die Sprecher gehen im Kreis herum und flüstern den Zuhö-rern die Beschreibung eines köstlichen Essens ins Ohr. Die Zuhörer halten die Augen geschlos-sen, um es sich besser vorstellen zu können.
- Es kann auch nur ein einziges Detail beschrieben werden: z.B. wie der Saft eines voll ausgereiften Pfirsichs schmeckt, wie er über das Kinn läuft, ...

26 Was ich überhaupt nicht mag

Altersgruppe: 9 Jahre und älter
Dauer: 10 Minuten

Wie beim vorherigen Spiel kann auch hier die vorgeschlagene Spielzeit überschritten werden, da es notwendig ist, daß jeder Erzähler mit allen Zuhörern spricht. Die Runde, die der Sprecher macht, kann jedoch auf 5 bis 8 Spieler beschränkt werden. Die Idee ist, daß die gleichen Spieler, die in Spiel 25 ihr Lieblingsessen beschrieben haben, nun über das Essen sprechen, das sie am abscheulichsten finden: Rosenkohl, gepökeltes Schweinefleisch, dicke Erbsensuppe, die viel zu lange gekocht wurde usw. Die Zuhörer sollten von der Beschreibung genauso angeekelt sein wie der Sprecher selbst.

27 Es duftet nach ...

Altersgruppe: 4 Jahre und älter
Dauer: 10 Minuten

„Mmm ... köstlich, es duftet wie ...", „Igitt! Das stinkt wie ..." Ausrufe wie diese hört man oft. Mit geschlossenen Augen erkennen die Spieler bestimmte Substanzen an ihrem Geruch. Ist es Eau de Cologne, Abwaschwasser, Katzenfutter, oder duftet es wie eine Königin? Etwas riechen kann eine bestimmte Substanz bedeuten, oder es kann an eine Person oder einen bekannten Ort erinnern.
Die Teilnehmer bringen eine Flüssigkeit oder einen Gegenstand mit einem charakteristischen Geruch mit. Die Artikel sollen so verpackt sein, daß sie beim Auspacken ihren Duft verströmen. Alle haben die Augen geschlossen. Die Gegenstände werden im Kreis weitergereicht, und jeder Spieler nennt, was er hier riecht. Zwischen jeder Runde, in der ein Geruch identifiziert werden soll, werden die Augen geöffnet.
Wie schon bei anderen Spielen erwähnt, muß darauf geachtet werden, daß keine gefährlichen oder riskanten Substanzen verwendet werden. Falls ein Risiko besteht, sollten Gruppenmitglieder mit Allergien nicht mitspielen.

28 Schnuppern

Altersgruppe: 4 Jahre und älter
Dauer: 10 Minuen

Wie riecht ein frisch gewaschener Wollpullover oder ein frisch geschältes, hart gekochtes Ei oder ein altes Staubtuch? Riechen sie wie ein Pullover, ein Ei oder ein Staubtuch? Ist die Anwort „Ja", dann sollte man sich fragen, ob man diese Gegenstände tatsächlich schon einmal gerochen hat. Viele Menschen entwickeln ihren Geruchssinn nicht oder legen keinen Wert darauf, was sie riechen. Diese Tatsache ist sehr bedauerlich, da unsere Welt voll von Düften ist, wohlriechend die einen und äußerst unangenehm die anderen.
Jeder Teilnehmer bringt einen Gegenstand mit, der für ihn einen interessanten Duft besitzt. Die Gegenstände werden im Kreis weitergereicht, sodaß die Spieler sie ansehen und sich ihres einzigartigen Geruches bewußt werden können. Jeder Spieler sagt etwas über den Geruch – ob er ihn angenehm findet oder nicht und woran er ihn erinnert. Paßt der Geruch zu dem Gegenstand?

29 Die Geschichte der Düfte

Altersgruppe: 4 Jahre und älter
Dauer: 10 Minuten

Der Spielleiter oder ein bzw. mehrere Teilnehmer denken sich eine Geschichte mit vielen Situationen aus, in denen Personen etwas riechen müssen. Die Substanzen, Töpfe etc., die in der Geschichte vorkommen, sollten in der Gruppe weitergereicht werden, während über sie erzählt wird. Wichtig ist, daß der Gegenstand in der gesamten Gruppe weitergereicht wird und seine Beschreibung lang genug dauert, da, wenn die Geschichte zu schnell fortgesetzt wird, einigen Mitspielern die Erfahrung genommen wird, gleichzeitig eine Geschichte zu hören und den Duft des beschriebenen Gegenstandes zu riechen.

UND DANN FIEL ED
IN EINE TONNE LEIM !

30 Die Duftspur

Altersgruppe: 9 Jahre und älter
Dauer: 30–60 Minuten

Dieses Spiel kann im Haus oder im Freien gespielt weren. Die Teilnehmer legen mit verschiedenen Gegenständen eine Duftspur aus, vielleicht durch das Gebäude, den Raum, quer über Boden und Tische oder im Freien. Die Gegenstände sollten keinen lang anhaltenden Geruch haben und keinesfalls unangenehm für die Mitspieler sein. Die Garderobe könnte nach Blumen riechen; das Besenkammerl, in dem die Reinigungsgeräte aufbewahrt werden, könnte nach gekochten Kartoffeln duften. Sollte das zu schwierig sein, könnten einige Spieler eine Duftspur durch eine bekannte Umgebung legen, wo man bestimmte Gerüche erwartet: z. B. die Bäckerei, eine Fabrik, ein Bauernhaus, eine Garage. Die Teilnehmer bekommen eine Kopie der Route und markieren die Straßen danach, ob sie gut oder schlecht riechen. Jeder Geruch kann mit einer bestimmten Farbe gekennzeichnet werden.

Pantomimenspiele

Hier werden 15 Spiele vorgestellt, die sich mit der Technik der Pantomime beschäftigen. Spielgedanke dabei ist, alles, was man ausdrücken möchte, mit seinem Körper darzustellen, vorzugsweise ohne Einsatz der Stimme, ohne Toneffekte, Worte oder Requisiten, wie das üblicherweise bei Spielen der Fall ist. Der Einstieg in diese Technik wird von vielen Leuten als schwierig erachtet: Wenn niemand spricht, kann es unheimlich leise sein. Der Gruppenleiter könnte dieses Problem mit leiser Hintergrundmusik lösen, da man z. B. zu einer passenden Musik eine Geschichte aufführen kann (ohne Worte). Gelingt das gut, vermißt man die Worte überhaupt nicht mehr.

Als eigenständige Spielform können Pantomimenspiele separat geprobt und ausgearbeitet werden. Man kann sie auch als Teil einer größeren Schauspielaufführung einsetzen (z. B. als Zwischenspiel). Clowns und Mimendarsteller setzen diese Technik schon seit Jahrhunderten ein. Bei einer Pantomime werden Handlungen so genau wie möglich imitiert und im allgemeinen auch übertrieben. Die dargestellten Handlungen werden vergrößert, und die Bewegungen sind besonders exakt, sodaß das Publikum genau mitverfolgen kann, welche Geschichte erzählt wird.

31 Der geheimnisvolle Gegenstand

Altersgruppe: 4 Jahre und älter
Dauer: 10 Minuten

Die Spieler sitzen im Sesselkreis, da es in diesem Fall besser zu spielen ist als auf dem Boden sitzend. Der Spielleiter gibt einen Gegenstand weiter – jeder Spieler hält ihn für einen Moment und gibt ihn dann seinerseits weiter. Gleichzeitig stellt der Leiter verschiedene Fragen: Könnt ihr fühlen, wie schwer (leicht) der Gegenstand ist? Wie groß (klein) er ist und ob er Ecken oder scharfe Kanten hat? Bemerkt der Leiter, daß sich die Spieler dieser Merkmale bewußt sind, kann der Gegenstand noch einmal durchgegeben werden, dieses Mal jedoch mit geschlossenen Augen. Auf diese Weise kann jeder „sehen", wie groß und schwer das Objekt ist. Der Gruppenleiter kann auch einen Gegenstand weiterreichen, der so verpackt ist, daß man nicht erkennt, um was es sich handelt. Der gleiche Effekt wird noch verstärkt, wenn man einen Gegenstand verwendet, der sich bewegt oder bewegen läßt, wie ein in ein Tuch gewickeltes Stück Teig oder eine in Plastik verschweißte Flüssigkeit. Der Leiter achtet darauf, daß diese Übung sorgfältig ausgeführt wird, um sofortiges Interesse für das nächste Spiel zu wecken.

32 Der unsichtbare Gegenstand

Altersgruppe: 4 Jahre und älter
Dauer: 10 Minuten

Dieses Spiel läßt sich gut mit dem vorherigen kombinieren, das selbst als ausgezeichnete Vorberei-

tung dient. Die Gruppe sitzt im Sesselkreis. Der Gruppenleiter gibt an einen der Spieler einen unsichtbaren Gegenstand weiter. Die Spieler müssen darauf achten, daß sie den „Gegenstand" auf die gleiche Weise halten und weiterreichen, wie sie ihn bekommen haben – die gleiche Größe, Form und gleiches Gewicht. Hat sich der Gegenstand in den Händen des Vorgängers verändert? War klar, welche Art von Gegenstand es war?

VARIATIONEN

- Der Leiter gibt ein unsichtbares Objekt weiter, sagt dieses Mal jedoch, worum es sich handelt: eine Pfanne, ein Fisch oder eine Kanonenkugel.

- Natürlich sind Gegenstände, die sich bewegen oder bewegen lassen, viel schwieriger weiterzureichen. Hier benötigt man besondere Übung. Es hängt von der jeweiligen Gruppe ab, ob sie dieses Niveau bereits erreicht hat und ob ihnen das Spiel bis zu diesem Punkt Spaß gemacht hat. Ein unsichtbarer Fisch, der dem Spieler sofort seinen Händen entschlüpft, lädt zu Clownerie ein, und es ist sehr lustig zu sehen, wie ein anderer diese Situation meistert.

- Der unsichtbare Gegenstand wird weitergegeben, wobei der Spieler sagt, was es ist. Der nächste Spieler kann das Objekt mit seinen Händen umformen und sagt dann, was es nun ist.

- Ein Gegenstand, der über ausziehbare Griffe verfügt und Winkel, Kurven und eine Bewegung in eine bestimmte Richtung machen kann, wird weitergereicht.

33 Ist es eine Teekanne?

Altersgruppe: 9 Jahre und älter
Dauer: 10–15 Minuten

Man nimmt einen unsichtbaren Billiard Queue und spielt damit herum. Hebt man den Queue und hält ihn gegen die Schulter, kann man damit schießen: Er ist ein Gewehr geworden, und der Spieler zeigt seine Tätigkeiten durch Veränderungen in der Bewegung vor.

Die Teilnehmer können sich einzeln oder in Kleingruppen ein Ausgangsobjekt ausdenken und dieses vier- oder fünfmal verändern. Die Veränderungen müssen nicht logisch ineinander übergehen, alle möglichen Objekte können zusammengefügt werden. Während der Vorbereitungs- und Übungsphase geht der Spielleiter herum und gibt Denkanstöße – falls notwendig. Im Anschluß daran führen die Spieler vor, was sie geprobt haben, wobei die Bewegungen in einer langsamen Folge durchgeführt werden und die Zuschauer versuchen, jeden Gegenstand zu identifizieren.

34 Der Phantasieraum

Altersgruppe: 6 Jahre und älter
Dauer: 10–15 Minuten

Dieses Spiel kann eigenständig gespielt werden oder als Folge der Spiele 31–33. Letzteres ermöglicht eine Aufgabe, die sich logisch ergibt und deshalb rascher zu einem Ergebnis aus diesem bestimmten Spiel führt. Der Leiter teilt die Spieler in Vierergruppen auf. Aufgabe jeder Gruppe ist es, Möglichkeiten zu erfinden und zu proben, wie der Raum, der voll mit Phantasieobjekten ist, nur durch

Gesten möbliert werden kann. Der Gruppenleiter kann vorzeigen, wie in „seinem Raum" die Möbel angeordnet sind, wo er ein Licht einschalten kann, wo das Fernsehgerät steht. Zuerst zeigen alle Gruppen ihre Anordnung und führen einen oder mehrere Spieler durch den „Raum", wobei darauf geachtet wird, daß niemand gegen einen „Stuhl" stößt. Während der „Raum" möbliert und vorgezeigt wird, sollen die Spieler nicht miteinander sprechen.

VARIATIONEN

- Die Gruppen denken sich einen „Raum" aus und richten ihn ein, doch dieses Mal ereignet sich etwas in diesem Raum oder es ist etwas passiert: Z. B könnte jemand ohnmächtig am Boden liegen oder der Fernsehapparat funktioniert nicht beim Einschalten. Jede Gruppe zeigt, ob es einfach von selbst geschehen ist oder die Folge einer anderen Handlung war.

- Aus einem möblierten Raum ist ein Gegenstand verschwunden, und das Problem muß mittels Gesten gelöst werden. Für jede Gruppe wird eine Geschichte erfunden, in der ein Gegenstand eine wichtige Rolle spielt, der jedoch nicht wirklich vorkommt, sondern nur pantomimisch dargestellt wird: Z. B. versammelt sich die Familie im Wohnzimmer zum Kaffee, doch ist das Kaffeeservice nicht vollständig.

35 Das Sportduo

Altersgruppe: 6 Jahre und älter
Dauer: 10 Minuten

Eine Sportart wie Fußball ohne Worte oder Geräusche darzustellen, erscheint nicht besonders schwierig zu sein. Wenn auch für jeden die Darstellung einer so bekannten Sportart leicht erkennbar ist, ist es nicht bloß eine Frage ihres Bekanntheitsgrades. Es hängt von der eigenen Beobachtungsgabe ab, ob man die Sportart gut pantomimisch darstellen kann und ob etwas passiert. Gemeinsam mit einem Partner einigt man sich auf eine Disziplin, die man nach einer einminütigen Übungszeit der Gruppe vorzeigt. Während der Vorführung passiert etwas zwischen den beiden Spielern: Z. B. wird der Ball so hart getroffen, daß ihm die Luft ausgeht; während des Dribbelns mit dem Basketball stößt man mit dem Partner zusammen; der Tischtennisball wird so geschlagen, daß er im Netz stecken bleibt. Die Spieler betonen dabei die sportartspezifischen Handlungen, und jede einzelne Bewegung hat ihre Bedeutung. Jedes Paar zeigt ihr Sportereignis vor, die Vorführungen sollten jedoch nicht länger als eine Minute dauern.

36 Mit den Händen flüstern

Altersgruppe: 9 Jahre und älter
Dauer: 15 Minuten

Kinder machen alle möglichen Bewegungen, an die sich Erwachsene nicht mehr erinnern, geschweige denn sie ausführen können. Alle Kinder gebrauchen manchmal ihre Hände als Gewehr zum Schießen. Ist kein Tuch zur Hand, hält ein Kind seine Hände vors Gesicht, oder es macht mit seinen Händen Eßbewegungen, um jemand anderen zu necken.

Der Gruppenleiter führt einige dieser Beispiele vor, um aufzuzeigen, daß man noch viele ähnliche dramatische Handlungen erfinden kann: Wenn man plötzlich schweigen muß, übernehmen die Hände das Flüstern der stummen Bewegungen, die ein anderer Spieler provoziert. Gesten mit den Händen unterstützen die Handlung, wobei man alle möglichen Mittel einsetzen kann, um den dramatischen Effekt zu unterstreichen oder zu erhöhen: Man kann auch mit seinem Hinterteil schießen, andere Leute wegjagen, man kann mit seiner Nase fühlen oder mit seinen Armen schreien usw. Jede Gruppe denkt sich vier solche Handlungen aus und zeigt sie dann den Mitspielern vor. Der Leiter geht von Gruppe zu Gruppe, um den Spielern zu helfen oder sie zu inspirieren.

37 Gib die Nachricht weiter

Altersgruppe: 6 Jahre und älter
Dauer: 10 Minuten

Alle sitzen im Kreis, und auf ein Stück Papier werden mehrere Nachrichten geschrieben. Der Spielleiter gibt eine dieser Nachrichten mittels Gesten an einen anderen Spieler weiter. So wie dieser Spieler die Nachricht versteht, gibt er sie an den nächsten weiter. Aus der Kreismitte kann der Spielleiter das Spiel unterbrechen und den Spieler, der gerade an der Reihe ist, bitten, die Nachricht zu erklären (ohne sie vorzuspielen). Wurde die Nachricht richtig weitergeleitet oder hat sie sich verändert?

VARIATIONEN

- Alle verfolgen die Nachricht, die von einem Spieler oder dem Leiter pantomimisch dargestellt wird. Nun wird die Nachricht weitergeleitet, wobei jeder Spieler etwas hinzufügt. Die Grundaussage könnte sein: „Möchtest du zuerst die Kartoffeln kochen, oder sollen wir mit dem Gemüseschneiden beginnen?". Wurde die Nachricht deutlich verstanden, fügt der nächste Spieler etwas hinzu. Er schneidet so viel Gemüse, daß es nicht in die Pfanne passen will; zusätzlich schneidet er sich noch in den Finger ...
- Paarweise: Während der eine die Nachricht überbringt, antwortet der andere mit Gesten. Nur mittels Gesten wird die Konversation fortgesetzt. Ein ähnliches Gespräch kann mit dem Partner gehalten werden, doch darf dieses Mal einer der beiden Spieler sprechen. Darauf antwortet der andere wieder mit Pantomime, und so wird die Konversation weitergeführt.

38 Ist es ein Beruf?

Altersgruppe: 9 Jahre und älter
Dauer: 15 Minuten

Während die Spieler im Kreis sitzen, beginnt der Spielleiter, einen Beruf pantomimisch darzustellen. Zum Beispiel kann er zeigen, wie ein Metzger arbeitet, ein Pferdehändler oder ein Verkäufer in einem Kartenbüro. Anschließend spielt jeder Teilnehmer seinen Lieblingsberuf mit einfachen Handlungen vor. In der nächsten Runde wird ein „Phantasieberuf" dargestellt: Es wird ein erfundener Beruf vorgespielt, der entweder überhaupt nicht existiert oder fast nicht mehr ausgeübt wird. Einige Beispiele wären: ein Regenschirmreparateur; ein Füllfeder-Auffüller; ein Stadtschreier; Direktor einer Moped-Fahrschule. Es soll darauf geachtet werden, daß die Pantomimen mit großer Genauigkeit ausgeführt werden.

VARIATION

- Der Beruf wird mit Hilfe einiger Assistenten vorgespielt, wobei man sich im vorhinein über die Rollenverteilung einigen muß. Die Gruppen sollten sich nur solche Berufe wählen, bei denen die Assistenten ihre Rolle wie in einer Karikatur darstellen können. Wiederholungen bestimmter Tätigkeiten können oft komisch wirken und dabei den Hauptdarsteller unterstützen.

39 Das Sprichwort

Altersgruppe: 9 Jahre und älter
Dauer: 15 Minuten

„Klein beigeben" ist ein Ausdruck, der sich pantomimisch darstellen läßt. Es gibt zahllose weitere Redewendungen und Sprichwörter, die sich „ausdrücken" oder darstellen lassen. Dabei könnte auch immer versucht werden, die Redewendung wortwörtlich darzustellen, obwohl sie natürlich im übertragenen Sinne zu verstehen ist.

Unsichtbar „die Katze aus dem Sack zu lassen" oder „ein Gerücht verbreiten" macht immer Spaß, genauso wie der Ausdruck „ein tête-à-tête haben", wobei letzteres von einem Paar vorgespielt werden kann.

VARIATIONEN

- Ist die Gruppe bereits mit dem Vorspielen von Redewendungen und Sprichwörtern vertraut, kann man diese vor dem Spielen verändern, z. B.: „Was A auch immer sagt, B muß es wiederholen" könnte werden zu „Alles was A sagt, darf B nicht wiederholen".

- Normalerweise wird eine Pantomime ohne Requisiten durchgeführt. Man kann sich jedoch dafür entscheiden, einen Ausdruck mit Hilfe von Requisiten zu präsentieren.

40 Ein Märchen ohne Worte

Altersgruppe: 6 Jahre und älter
Dauer: 25 Minuten

Jedes beliebige Märchen kann gespielt werden, ohne daß dabei ein Wort gesprochen wird. Bei der Vorführung einer Geschichte ohne Worte muß jede Gruppe exakt wissen, welche Handlungen von welchem Schauspieler übernommen werden, um die Geschichte mit (natürlicher) Übertreibung aufführen zu können. Es soll mit jeder Gruppe vereinbart werden, aus wie vielen Schritten die Geschichte besteht. Zum Beispiel: Mutter spricht mit Rotkäppchen, der Wolf schleicht durch den Wald, Rotkäppchen macht sich auf den Weg durch den Wald, der Wolf kommt zum Haus der Großmutter, Rotkäppchen macht Bemerkungen über die „Großmutter" (Wolf) usw. Das Märchen könnte in 10 Schritte unterteilt werden. Der Leiter fordert die Gruppen auf, zuerst die 10 Schritte zu planen und dann in Bewegung umzusetzen. Sollte das für eine unerfahrene Gruppe zu schwierig sein, kann als Übung das gleiche Märchen von den einzelnen Kleingruppen dargestellt werden.

VARIATION

- Man kann eine Geschichte ohne Gebrauch von Worten spielen, jedoch passende Geräusche verwenden (im Beispiel von Rotkäppchen könnten das Eßgeräusche beim Wolf sein). Jede Gruppe kann selbst entscheiden, welche Geräusche lustig sind und von Bedeutung für die Aufführung. Die Zusatzgeräusche sind ein eigenartiges, aber faszinierendes und überraschendes Element in der Handlung.

41 Formveränderungen

Altersgruppe: 9 Jahre und älter
Dauer: 15 Minuten

Verfügt die Gruppe noch nicht über ausreichende Erfahrungen, sollte als Vorbereitung auf dieses Spiel zuerst Spiel 32 durchgeführt werden. Alle sitzen im Kreis und jeder erhält einen unsichtbaren Gegenstand, den er sofort verändert. Der Gruppenleiter gibt zum Beispiel eine Pfeife an einen der Spieler weiter; dieser verwandelt sie in eine Riesenpfeife oder in eine Pfeife, deren Stiel viel zu lang ist oder dessen Pfeifenkopf unbeschreiblich schwer ist – kurz gesagt, die neue Pfeife ist unhandlich. Sie kann nicht geraucht werden, da der Pfeifenkopf nicht erreichbar ist, ohne daß er von mehreren Mitspielern gestützt wird. Sobald das Objekt einmal im Kreis ist, wird an ihm herumgezerrt, es platzt aus allen Proportionen und wird solange weitergereicht, bis jemand errät, was es ist. Der letzte Spieler vervollständigt seine Umformung, bevor der nächste mit etwas Neuem beginnt. Man kann vor allem jene Teile des Gegenstandes vergrößern oder verkleinern, von denen es die Mitspieler am wenigsten erwarten.

42 Die gleiche Situation ein zweites Mal

Altersgruppe: 9 Jahre und älter
Dauer: 15 Minuten

Bei diesem Spiel wird die gleiche Situation zweimal gespielt, wobei die Gruppe in der zweiten Runde die Situation so enden läßt, wie sie es geplant hat. Der Gruppenleiter (vielleicht gemeinsam mit einigen anderen Spielern) spielt eine Situation vor: Z. B. wird ein Sofa gehoben und an einen anderen Platz gestellt. Die Pantomime soll nicht länger als eine Minute dauern. Der Gruppenleiter geht zu den einzelnen Gruppen, während sie Ideen für Variationen sammeln: Es könnte sein, daß jemand zwischen Sofa und Tür stecken bleibt; oder das Sofa kippt in dem Moment auf jemanden, in dem der Träger am anderen Ende des Sofas ihm etwas zuruft. Mit erfahrenen Spielern kann vom Gruppenleiter oder einem der Teilnehmer auch eine kompliziertere Situation ausgearbeitet werden.

43 Ein Film in Zeitlupe

Altersgruppe: 9 Jahre und älter
Dauer: 15 Minuten

Die Spielidee ist, daß die Teilnehmer in Kleingruppen eine Szene aus einem Film vorspielen. Der Spielleiter kann der Gruppe auf Video einen kurzen Ausschnitt aus einem Film zeigen. Er erklärt ihnen, daß eine Szene aus einer Anzahl verschiedener Aufnahmen und Bilder besteht, die so aneinander gereiht wurden, daß der Sinn der Szene erkennbar wird. Die Gruppen beginnen mit dem Spielen einer Szene, auch wenn ihnen ihr Aufbau noch nicht klar ist. Der Spielleiter zeigt Totalaufnahmen, in denen ein Körper zu sehen ist, und in 10 bis 20 weiteren Bildern sieht man dann, wie jemandem eine Cremetorte ins Gesicht geworfen wird, und die Reaktionen darauf. In Zeitlupe (so langsam wie nur möglich) spielen alle Gruppen diese Szene nach, genau so, als würde der Film mit der falschen Geschwindigkeit abgespielt. Nachdem jede Gruppe die Szene ausgearbeitet hat, spielt sie diese den anderen vor. Es ist möglich, daß sich jede Gruppe ein eigenes Thema ausdenkt oder eine weitere Szene aus dem Film wählt.

VARIATION

● Die Handlung kann auch von passenden Geräuschen begleitet werden, die jedoch auch verlangsamt werden müssen. Ein Gespräch ist dadurch nicht wirklich verständlich, doch macht es großen Spaß, sich mittels langgedehnter Laute zu unterhalten.

44 Das Türenspiel

Altersgruppe: 6 Jahre und älter
Dauer: 25 Minuten

Eine Tätigkeit, die bei einer Pantomime oftmals vernachläßigt wird, ist das Öffnen und Schließen von Türen, ohne das man jedoch nicht wirklich beginnen kann, weil es überall Momente gibt, in denen jemand eintritt oder den Raum verläßt. Dabei gibt es natürlich verschiedene Türen: eine Drehtür; eine schwere Metalltür, die entriegelt werden muß; ein großer Stein, den man vom Eingang einer Höhle wegrollen muß; eine Falltüre ist zu öffnen; oder man stößt auf eine quietschende oder, noch ärger, auf eine wackelige Tür.

Die Teilnehmer bilden Gruppen und jede Gruppe erfindet und probt Situationen, in denen Türen eine Rolle spielen. Diese Situationen werden dann den anderen Teilnehmern vorgespielt. Wie beim vorigen Spiel kann man eine Geschichte als Einstieg wählen, aber es hängt von den Erfahrungen der jeweiligen Gruppe mit Improvisation ab, ob diese Möglichkeit von Interesse ist. Der Spielleiter soll die Teilnehmer auffordern, jede Kleinigkeit (z. B. den Schlüssel ins Schlüsselloch stecken) etwas zu übertreiben und langsam und klar erkennbar zu spielen. Der Spielleiter kann das Spiel durch eine Tür oder eine Serie von Türen „betreten", d. h. beginnen, wodurch die Mitspieler sofort mitten im Geschehen sind. Als Abschluß verläßt jeder das Spiel durch eine unsichtbare Tür.

45 Die Grimassenshow

Altersgruppe: 6 Jahre und älter
Dauer: 15 Minuten
Requisiten: Videokamera und Rekorder oder
Fotoapparat (vorzugsweise eine
Sofortbildkamera)

Jeder Spieler schneidet 5 Grimassen, die auf Video gefilmt werden oder, falls dies nicht möglich ist, fotografiert werden. Im zweiten Fall kann das Spiel erst fortgesetzt werden, sobald die Bilder ausgearbeitet sind, weshalb eine Sofortbildkamera der beste Ersatz für eine Videokamera ist. Steht überhaupt keines dieser Geräte zur Verfügung, so mimt einer der Spieler die Kamera und das Abspielen des Films. Der zweite Spieler muß dabei die Grimasse so gut imitieren, daß der erste sieht, welch eigenartige Gesichter er schneidet. Für diesen Fall bietet sich die Partnerarbeit an. Zuerst zeigt man seine Gesichter dem Partner, und dann kann man sie der gesamten Gruppe vorzeigen. Ohne Vorbereitung ist es schwierig, Grimassen zu erfinden, daher sollen die Gruppen 5 Minuten Zeit zum Üben bekommen. Wenn es notwendig ist, kann der Gruppenleiter den Spielern mit Ideen oder Vorschlägen helfen. Eine Hilfestellung wäre auch, der Gruppe zuerst einen Slapstickfilm zu zeigen oder ein Thema oder eine Geschichte als Ausgangspunkt zu nehmen.

VARIATIONEN

- Die Teilnehmer werden aufgefordert, jedes Gesicht mit einem passenden Geräusch zu begleiten. Der Partner kann seine Meinung über die Grimasse äußern. Man könnte der Grimasse einen Titel geben oder in wenigen Worten die Situation erklären.

- Der Partner übernimmt die Rolle des Erzählers: Er erzählt die Geschichte, die zu der Grimasse gehört, während der andere seinen Gesichtsausdruck so lange hält, bis ihn alle gesehen haben. Jedes Gesicht kann im vorhinein oder im nachhinein erklärt werden. Es könnte auch ein bekanntes Märchen oder eine Geschichte mit Grimassen erzählt werden, wobei versucht wird, die Geschichte in bestimmte Gesichtsausdrücke zu „übersetzen".

46 Das Statistenspiel

Altersgruppe: 9 Jahre und älter
Dauer: 20 Minuten

Ein Statist ist jemand, der an einem Schauspiel teilnimmt, jedoch nur durch seine eher unauffällige Anwesenheit zur Handlung beiträgt. Zum Beispiel würde ein Statist in einer Pub-Szene keine sprechende Rolle haben, sondern so natürlich wie möglich einen Gast spielen. In diesem Falle übernehmen die Hauptdarsteller die Rolle der wichtigen Charaktere und sprechen den Text. Bevor sie jedoch zum Einsatz kommen, wird durch den/die Statisten veranschaulicht, daß die Handlung in einem Pub spielt. Jede Gruppe von 4 bis 10 Spielern denkt sich eine Situation aus, in der nur ein Spieler eine sprechende Rolle hat und die anderen für die Atmosphäre sorgen, indem sie alle möglichen Tätigkeiten ausführen, diese vielleicht auch wiederholen, um dadurch eine natürliche Kulisse zu schaffen. Jede Gruppe hat etwas Zeit zur Verfügung, um die Szene zu proben, und spielt dann das Stück den anderen vor. Der Spielleiter sollte beobachten, ob jede Situation voll ausgespielt wird.

Geschichtenspiele

Dieser Abschnitt will erklären, aus welchen Elementen eine Geschichte besteht, wie sie sich ineinander fügen und wie man die verschiedenen Teile spielen kann. Daraus ergibt sich ein systematisch ansteigendes Verständnis für die Planung einer Geschichtsstruktur. Der Beginn, auch Einleitung genannt, beschreibt, von wem die Geschichte handelt, die Situation, in der die betreffende Person lebt und arbeitet und welche Probleme sich ergeben. Jede Geschichte hat ein Überraschungselement, wodurch sie eine plötzliche Richtungsänderung einschlägt, die auch Wende genannt wird. Auf die Einleitung folgt die Überleitung, und die Geschichte selbst beginnt, sich zu entwickeln. Der Reihe nach treten verschiedene Probleme auf, die gelöst werden müssen. Am Ende dieses zentralen Teiles steht die Überleitung zur lang erwarteten Lösung und damit zum letzten Teil der Geschichte: dem Abschluß. Die kommende Spielfolge deckt alle diese Aspekte im Detail ab und ermöglicht so der Gruppe, diese Methode bei ihren eigenen Geschichten und Szenarien anzuwenden.

47 Um wen dreht es sich?

Altersgruppe: 9 Jahre und älter
Dauer: 30 Minuten
Requisiten: Papier und Bleistift

Will man eine Geschichte erfinden und sie aufführen, muß man sich erst klar darüber werden, von wem sie handelt und wer daran beteiligt ist: Wer sind die Hauptcharaktere? Der Spielleiter läßt Kleingruppen bilden, die eine Anzahl von Fragen ausarbeiten sollen, und er beauftragt sie mit der Rollenverteilung an die Mitspieler. Folgende Fragen sind zu beantworten:

- Dreht sich die Geschichte um eine Einzelperson oder um mehrere Hauptcharaktere?
- Wo lebt die Hauptperson?
- Wie alt ist er/sie?
- Wie heißt er/sie?
- Wer sind die Eltern und welche Erziehung haben sie genossen? Sind sie reich oder arm? In welcher Umgebung sind sie aufgewachsen? Kurz gesagt, Lebensgeschichte/Lebenslauf der Hauptpersonen.
- Wann wurde er/sie geboren?
- Übt er/sie einen Beruf aus?
- Wie war seine/ihre Kindheit?
- Was sind seine/ihre Charaktermerkmale?
- Wie ist seine/ihre momentane Situation?

Nach diesem Schema erarbeitet jede Gruppe einen Charakter, wozu sie nicht länger als 15 Minuten brauchen sollten. Beim ersten Versuch mag es einer Gruppe schwierig erscheinen, doch wenn auf diese Weise ein- oder zweimal eine Charakterbeschreibung erstellt wurde, läuft diese Vorbereitung immer schneller ab. Jede Gruppe probt für kurze Zeit ihre Hauptcharaktere und spielt die Geschichte dann den anderen vor. Dabei kann das Publikum Fragen an die Hauptpersonen richten, die diese in ihrer zugeordneten Rolle beantworten, soweit es eben möglich ist. Die Charaktere können auch kostümiert sein.

48 100 Geschichten

Altersgruppe: 9 Jahre und älter
Dauer: 30 Minuten
Requisiten: Papier, Bleistift und einen Aktenordner zur Aufbewahrung der Papiere

Dieses Spiel ist die Fortsetzung von Spiel 47. Der Spielleiter übt mit der Gruppe das Erfinden von Charakteren, wobei jeder Spieler einige Blatt Papier oder Kärtchen hat, auf denen er je einen Charakter schreibt. Jeder Teilnehmer denkt sich vier Charaktere aus und beschreibt sie.

Nun werden die Zettel gemischt und aufeinander gelegt. Jede Vierergruppe zieht aus diesem Stapel vier Zettel, mit denen sie ein kurzes Stück erarbeiten muß. Unter den Rollenvorschlägen könnten die eines Arztes, Juweliers, Räubers, Priesters, Drehorgelspielers u. ä. sein. Jede Gruppe liest die Beschreibungen ihrer Personen und diskutiert, wie die unterschiedlichen Charaktere in Verbindung zueinander stehen könnten. Welche Probleme sollen von den vier Personen gelöst werden?

49 Anfangs- und Schlußsatz

Altersgruppe: 9 Jahre und älter
Dauer: 40 Minuten

Dieses Spiel ist eine Fortsetzung von Spiel 48 und übt mit den Teilnehmern den Aufbau einer Geschichte, bei der Beginn und Ende vorgegeben sind. Der Spielleiter hat mehrere Kärtchen mit je einem Anfangs- und einem Schlußsatz vorbereitet. Jede Gruppe zieht eine dieser Karten und denkt sich nun eine Geschichte aus, die mit den vorgegebenen Sätzen beginnt und endet. Das bedeutet, es darf weder vor dem ersten noch nach dem letzten Satz etwas gesagt oder gespielt werden.

Der Leiter liest ein Beispiel vor und läßt Gruppen bilden, die sich einen ersten und einen letzten Satz wählen. Wenn man sich eine Geschichte ausdenkt, ist es sehr hilfreich, zu wissen, wie sie endet. Weiß man erst einmal, worauf man hinarbeitet, kann man sich einen guten Beginn für die Geschichte ausdenken. Das Anbieten verschiedener Textarten ermöglicht den Spielern, Inhalt und Atmosphäre phantasievoll zu gestalten.

VARIATION

● Sind die Spieler an diese Art des Denkens gewöhnt, kann der Spielleiter Kärtchen austeilen, die nur den Schlußsatz vorgeben und zeigen, wie die Geschichte endet. Wenn notwendig, kann der Leiter die Sätze genauer erklären.

50 Ein spannender Anfang

Altersgruppe: 9 Jahre und älter
Dauer: 40 Minuten

Jede Geschichte beginnt anders. Der Einstieg in die Geschichte muß das Publikum sofort fesseln, weil es sonst das Interesse an der restlichen Geschichte verliert. Bei der folgenden Aufgabe (die wiederum an die vorangegangene anschließt) wird nur der Beginn einer Geschichte vorgespielt, und das Publikum muß raten, wie sie ausgeht. Selbstverständlich hat die Gruppe, die die Geschichte vorspielt, ein Ende vorbereitet.

Es werden Gruppen gebildet, und der Spielleiter stellt folgende Fragen: Wer ist der Hauptcharakter? Wovon handelt die Geschichte? Wie ist ihr Titel? In welcher Situation sind die Hauptcharaktere am Beginn des Stückes? Jede Gruppe hat 10 Minuten Zeit für die Erstellung und das Proben ihres Beginnes, bevor sie ihn den anderen vorspielen. Der Leiter könnte auch einige Kärtchen, die Schluß und Titel vorgeben, einsetzen. Diese Karten können aus vorangegangenen Spielen übrig geblieben oder Übungsbeispiele sein. Die Vorführung eines „Anfanges" vor dem Rest der Gruppe sollte nicht länger als einige Minuten dauern.

51 Auftauen, spielen und einfrieren

Altersgruppe: 9 Jahre und älter
Dauer: 2 Einheiten zu je 45 Minuten

Dieses Spiel steht ebenfalls in Verbindung mit den vier vorangegangenen und setzt mit den Möglichkeiten fort, eine Handlung zu erstellen und rasch ein Stück vorzuspielen. Die folgende Aufgabe beschäftigt sich mit Wechseln, d. h. in dem Moment, in dem der Zuseher weiß, worum es in der Geschichte geht, erfolgt eine plötzliche Richtungsänderung. Irgend etwas geschieht, oder es ergibt sich ein Problem, das die Situation dermaßen beeinflußt, daß die Geschichte eine andere Richtung einschlägt und anders verläuft.

Diese Aufgabe setzt Text und Bewegung gleichermaßen ein und verwendet auch die Kombination von Text und Tableaux Vivants: das Einfrieren von Bewegung und Text an einer Stelle, die für die Situation charakteristisch ist. Auf diese Weise kann das Publikum in einem „lebenden Gemälde" sehen, was geschieht: Im gleichen Moment versteinern alle Darsteller in ihrer jeweiligen Position.

BEISPIEL

Die Geschichte beginnt im Fleischerladen um die Ecke. Nach 45 Jahren ist Pete Smith, der Fleischhauer, nahe daran, sein Geschäft zu schließen. In einer Reihe lebender Bilder (tableaux), die von mehreren Teilnehmern dargestellt werden, sieht das Publikum, wer Pete ist, und bekommt alle notwendigen Informationen. Nun kommt der Wechsel, der mit Dialogen gespielt wird, wobei diese Situation aus den eingefrorenen Szenen (ausgesetzte Handlung - lebende Gemälde) „schmilzt": Ein Dieb kommt herein und stiehlt das gesamte Vermögen von Pete. Nach einem ruhigen Beginn ist das ein unerwarteter Wechsel. In einer Folge lebender Bilder wird dem Publikum gezeigt, ob Pete sein Jubiläum trotzdem feiert oder ob er aus Angst nach Australien auswandert ...

Der Spielleiter beginnt damit, daß er an die Teilnehmer Zettel mit vorbereiteten Geschichtseinstiegen austeilt und sie einige tableaux vorbereiten läßt. In einer Serie lebender Bilder stellt dann jede Gruppe ihre Interpretation des Geschichtseinstieges vor. Der Übergang von Szene 1 zu Szene 2 wird langsam gespielt, sodaß die Veränderung erkennbar ist (Zeitlupe).

In der nächsten Stunde sind die Teilnehmer schon mit der Möglichkeit vertraut, eine neue Situation mittels Bildern zu interpretieren. Sie werden nun aufgefordert, den Wechsel, der auf die Einleitung folgt, anhand von Text und Bildern darzustellen. Der Abschluß der Geschichte wird wieder mit Bildern vorgespielt. Jedes Kurzstück kann ungefähr 5 Minuten dauern, wodurch der Wechsel in einer Geschichte offensichtlicher wird und die Teilnehmer ihn schneller wahrnehmen.

52 Immer mehr Probleme

Altersgruppe: 9 Jahre und älter
Dauer: 45 Minuten
Requisiten: Kärtchen mit kurzen
Aufgabenstellungen

Man muß zuerst das Ende einer Geschichte kennen, um sich ihren Anfang ausdenken zu können. Genauso muß man darüber Bescheid wissen, wie plötzliche Wechsel oder Veränderungen stattfinden können. Dann muß die Geschichte (und natürlich das Problem, das gelöst werden soll) entwickelt werden: In mehreren Schritten muß der Hauptcharakter gegen das Böse, das ihn und seine Umgebung bedroht, ankämpfen. Aufregend daran ist immer, zu sehen, wie im letzten Augenblick fast alles schiefgeht, tatsächlich schiefgeht oder zu einem glücklichen Ende kommt.

Der Leiter teilt an jede Gruppe ein oder zwei Aufgabenkarten aus, auf denen der Titel des Stückes steht, wer die Hauptperson ist und erklärt in einigen Sätzen was am Anfang geschieht und was den Hauptcharakter erwarten kann. Auch das Ende der Geschichte kann vorgegeben sein. Aufgabe der einzelnen Gruppen ist es, sich eine Reihe von Problemen auszudenken, um dann den anderen zu zeigen, wie sie den Mittelteil der Geschichte textlich ausgearbeitet haben und wie man ihn spielen kann. Die Aufgabenkärtchen müssen natürlich nicht vom Spielleiter alleine vorbereitet werden, sondern die Ideen können in einer der vorausgehenden Stunden von der gesamten Gruppe (oder einer anderen Gruppe) erarbeitet werden.

53 Die Episodengeschichte

Altersgruppe: 12 Jahre und älter
Dauer: Vorbereitung: ein Halbtag;
Probe und Aufführung: 2 Stunden pro Folge

Eine Episodengeschichte ist eine Geschichte in Teilen, ursprünglich entstanden für die Zeitungen. Als Drama-Spiel wird daraus ein Serienspiel, wobei in jeder Stunde eine Episode erzählt wird. Es ist nicht schwierig, eine Geschichte in Episoden zu unterteilen. Begonnen wird mit einer kurzen Erkennungsmelodie, womit jedes Mal ein Teil der Geschichte eröffnet wird. Darauf folgt eine Zusammenfassung: Was geschah letztes Mal mit ...? Schließlich folgt die Fortsetzung der Geschichte, eventuell ausgeschmückt mit kurzen musikalischen Zwischenspielen. Zum Abschluß kommt noch einmal eine Zusammenfassung des Gesehenen, vor, gleichzeitig mit oder nach der Erkennungsmelodie.

Der Spielleiter läßt Gruppen bilden und erklärt die Rollenverteilung: Wer ist verantwortlich für Musik, Bühnenbild, Szenenwechsel, Kostüme, und wer übernimmt die großen und die kleinen Rollen? Die Rollenverteilung muß dabei nicht immer die gleiche bleiben (andere Spieler können in das gleiche Kostüm schlüpfen und die Hauptrolle übernehmen), es ist jedoch einfacher, wenn die Schauspieler nicht wechseln. Jede Gruppe denkt sich Haupt- und Nebenrollen aus, sowie ein Thema, die Zeit, in der die Geschichte spielt, und auch was mit den Darstellern geschieht. Die Spieler müssen darauf achten, daß jede Episode (10–15 Minuten) die darauf folgende vorbereitet. Selbstverständlich vereinbart die Gruppe im voraus, aus wie vielen Episoden die Geschichte besteht und auf welchen Höhepunkt sie hinarbeitet.

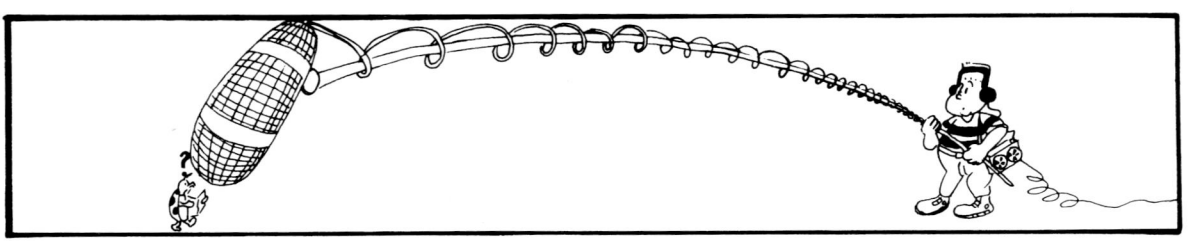

Spiele mit Geräuschen

Diese Folge der Drama-Spiele präsentiert Aufgaben, die mittels Geräuschen illustriert werden müssen. Je mehr verschiedene Geräusche in einem Spiel vorkommen, umso interessanter wird es. In jedem Spiel ist der gezielte Einsatz der eigenen Stimme von großer Bedeutung. Die zusätzlichen Geräusche, die bei den folgenden Spielen eingesetzt werden, lenken die Aufmerksamkeit der Teilnehmer auf die enge Verbindung zwischen Geräusch, eigener Stimme und dem Spiel selbst. Eine Welt ohne Geräusche kann man sich nicht vorstellen: Walkman, Computer- und Videospiele, ganz abgesehen vom Fernsehen als visuelles Medium, bieten eine riesige Auswahl von Bildern und Lauten, die häufig als selbstverständlich angesehen werden. Diese Drama-Spiele sollen die Teilnehmer die Geräusche, von denen sie umgeben sind, bewußter wahrnehmen lassen. Einige Spiele benötigen dabei mehrere Gegenstände, um die unterschiedlichen Laute produzieren zu können. Die folgende Serie beschreibt Spiele, bei denen passende Geräusche erzeugt werden sollen, aber auch solche Spiele, bei denen genau das Gegenteil der Fall ist.

54 Das richtige Geräusch

Altersgruppe: 6 Jahre und älter
Dauer: 30 Minuten

Mittels Dialog und Gestik wird in einem Stück die Handlung dargestellt, wozu im allgemeinen keine Toneffekte notwendig sind. Der Erzähler sagt, daß der Mann auf dem Weg war, die Tür öffnete und die Wohnung betrat, oder es wird mit Gesten eine ähnliche Situation dargestellt. Selbst wenn jemand mit großem Trubel den Raum betritt, wird das Aufreißen der Tür nicht verstärkt. Jedoch in diesem Spiel geschieht genau das: Durch zusätzliche Betonung der Geräusche übertreiben die Spieler jede Handlung in der dargestellten Situation. Das könnte bedeuten, daß eine knarrende Tür etwas länger oder lauter knarrt: Der Mann betrat die Wohnung (Geräusch des Türeknarrens). Sogar das Geräusch seiner Schritte wird verstärkt.

Jede Gruppe findet Punkte, an denen das Stück durch zusätzliche Geräusche der Spieler unterstützt werden kann. Das heißt, jede Gruppe denkt sich eine Geschichte von zwei bis drei Minuten aus, fügt zusätzliche Toneffekte hinzu und spielt die Geschichte dann den anderen vor.

VARIATIONEN

- Durch Einsatz von Mikrofonen oder zusätzlichen Spielern können die Toneffekte verstärkt werden. Anstelle der Schauspieler können die zusätzlichen Spieler die Geräusche „live" vom Bühnenrand aus produzieren, wobei sie auf die Koordination von passendem Geräusch, richtigem Zeitpunkt und entsprechender Lautstärke achten müssen. Die Gruppe könnte dafür einen „Dirigenten" bestimmen, der ihnen den Einsatz für die Toneffekte angibt: Wann soll die „Tonbegleitung der Schritte" beginnen und wie lange soll sie dauern?

- Der Gruppenleiter kann die Spieler auffordern, sämtliche Geräusche nur mit ihren Stimmen zu machen. Oder man beschränkt sich auf einige wenige Gegenstände, mit denen die Laute produziert werden. Als Einstieg in dieses Spiel könnte der Spielleiter die Gruppe auffordern, Geräusche auf verschiedenen „Instrumenten" zu entdecken: z. B.: Wie läßt sich mit dem Deckel einer Blechdose das Geräusch eines nahenden Zuges imitieren?

- Man könnte sich dafür entscheiden, bestimmte Toneffekte mehrmals zu wiederholen und das Spiel entsprechend anzupassen. Die Person, die den Raum betritt, könnte die Tür einige Male öffnen, da sie ständig irgendwelche Gegenstände im Auto vergißt. Die Geräusche werden dabei immer markanter.

55 Das falsche Geräusch

Altersgruppe: 9 Jahre und älter
Dauer: 30 Minuten

Abgesehen von der Tatsache, daß die Geräusche auf eine andere Weise und mit einer anderen Absicht gemacht werden, passieren in diesem Spiel die gleichen Dinge wie im vorigen. Beim Öffnen der Tür ist nun nicht das Geräusch der Tür zu hören, sondern es klingt, als ob jemand zwischen Tür und Türstock eingeklemmt würde. Durch den Einsatz von Geräuschen fügt die Gruppe dem Stück nun auch Humor hinzu. Jede Gruppe denkt sich ein kurzes Stück aus (Länge des Stückes nur wenige Minuten), bei dem die begleitenden Geräusche überhaupt nicht zur Handlung passen. Selbstverständlich können diese „falschen Toneffekte" auch noch betont werden: Der Schrei eines Kindes, das sich den Finger in der Tür einklemmt, könnte wie ein Klassenzimmer voller Kinder klingen; ein Vogel, der vorbei fliegt, wird zu einer ganzen Vogelschar. Variieren kann man die Anzahl, Stärke und die Art des Klanges. Einfaches „Gehen" kann so von unterschiedlichen Toneffekten begleitet werden: Schuhe, die mit der Handlung mitklappern; Kokosnüsse, die Pferdehufe nachahmen; jeder Schritt wird von einer kleinen Explosion begleitet ... Die Gruppe sollte trotz der Toneffekte jedoch nicht gänzlich den Inhalt des Stückes aus den Augen verlieren.

56 Hoch und tief

Altersgruppe: 6 Jahre und älter
Dauer: 25 Minuten

(Titel der Zeichnung zu diesem Spiel: Meine Stimme versagt!)

Jedem passieren manchmal Fehler beim Sprechen: Ein Wort wird falsch ausgesprochen, man sagt etwas anderes, als man meint, die Stimme wird plötzlich höher bzw. tiefer oder heiser, oder man betont das Wort auf der falschen Silbe. Bei diesem Spiel wird die Stimme absichtlich höher oder tiefer, vorzugsweise im „falschen" Moment. Der Spielleiter könnte einen großen Jungen mit hoher oder extrem tiefer Stimme sprechen lassen, oder ein dickes Mädchen bekommt eine besonders volle Stimme. Im Stück soll die Tonhöhe übertrieben werden, während gleichzeitig die Situation so deutlich wie möglich dargestellt wird. Jede Gruppe denkt sich ein Szenario aus und bereitet es vor, wobei die Spieler nach Lust und Laune ihre Stimmhöhe übertreiben können. Schauspielen ohne Einsatz der eigenen Stimme ist unmöglich!

57 Die Nachrichten

Altersgruppe: 9 Jahre und älter
Dauer: 45 Minuten
Requisiten (wahlweise):
Mikrofone und eine Tonanlage

Mikrofone und Lautsprecher sind für dieses Spiel nicht unbedingt notwendig, doch unterstützt diese Verstärkung die Möglichkeiten des Spiels mit der eigenen Stimme. Jede Gruppe denkt sich eine Nachrichtensendung aus, die sie dann den anderen vorspielt. Als zusätzliche Erschwernis muß der Nachrichtensprecher seine Stimme verändern: Er könnte die Nachrichten mit einer besonders hohen bzw. besonders tiefen Stimme lesen. Die Nachrichten können mehrere Minuten dauern und sollen folgende Beiträge beinhalten: Lokalnachrichten, die Wettervorhersage für den nächsten Tag und den Rest der Woche und eine Vorschau auf die kommenden Veranstaltungen an der Schule bzw. im Verein der Teilnehmer. Der Spielleiter hilft den Spielern bei der Wahl ihrer Stimme und achtet darauf, daß niemand zu künstlich klingt. Die Teilnehmer gehen paarweise zusammen und präsentieren abwechselnd die Nachrichten.

58 Die Beifallsklatscher

Altersgruppe: 6 Jahre und älter
Dauer: 20 Minuten

Der Spielleiter und die Gruppe denken sich ein Programm für das Publikum aus. Im Kreis sitzend übt der Leiter dann mit den Teilnehmern einige Toneffekte: Applaus, Anfeuerungsrufe, Buh-Rufe, Kartoffel-Chips essen während der Vorstellung, Papier zusammenknüllen oder mit dem Schauspieler mitfühlen: lachen und weinen, husten und niesen, usw. Die Idee ist, daß die Spieler alle Toneffekte mit ihren Stimmen und Händen machen. Sollten auf diese Weise nicht alle Geräusche möglich sein, können auch Requisiten verwendet werden.

Die Geräusche können auf einem Podium, auf gleicher Ebene, liegend, sitzend, o. ä. gemacht werden. Zuerst mag das Üben mit dem Publikum langweilig erscheinen, doch wenn der Leiter die Ähnlichkeit des Spiels mit der Vorbereitung des Publikums auf eine echte TV-Sendung erklärt, sind die Spieler sofort mit Eifer bei der Sache.

VARIATIONEN

- Der Spielleiter könnte das „Publikum" um seine Teilnahme an einer darauffolgenden Stunde bitten.
- Jede Gruppe kann selbständig verschiedene Geräusche und Handlungen üben, bei denen das Publikum mitmacht.

59 Das Ratespiel

Altersgruppe: 9 Jahre und älter
Dauer: 45 Minuten
Requisiten: Tonband mit Geräuscheffekten

Der Leiter teilt die Gruppe in Vierer- oder Sechsergruppen auf. Jede Gruppe denkt sich ein Stück aus, in dem mehrere Geräuschszenen vorkommen: z. B. eine Geburtstagsfeier, ein Besuch beim Zahnarzt, ein Unfall in der Küche. Das Stück, das nur einige Minuten dauert, sollte mehr aus Toneffekten als aus Dialogen bestehen, sodaß das Publikum raten muß, was gerade passiert …

… Man könnte möglicherweise hören, wie eine Tür geöffnet wird, wie jemand stürzt, dann das Geräusch von Schweinen beim Fressen … Die Handlung ist immer auf die Geräuscheffekte ausgerichtet, wobei sich das Publikum ständig neu orientieren muß. Einer der Schauspieler bemerkt … „Na, wenigstens wurden die Schweine gefüttert." Später stellt sich heraus, daß der Bauer, der normalerweise die Schweine füttert, nicht auftaucht … … Oder während einer Geburtstagsszene hört man die Mutter mit dem Kuchen kommen und „Happy Birthday" singen … dann ein Klatsch … und man sieht die Mutter mit dem Kuchen hereinkommen und einen Jungen, der ein rotes Ohr hat und weint … Das Publikum muß raten, was zwischen den beiden Szenen passiert ist. Der Leiter deutet den Spielern an, wann sie das Stück fortsetzen können.

60 Worte mit Geräuschen

Altersgruppe: 9 Jahre und älter
Dauer: 45 Minuten
Requisiten: für jeden Spieler Papier
und Bleistift

Alle sitzen im Kreis und halten Papier und Bleistift bereit. Der Spielleiter ruft ein Wort aus und ahmt sein Geräusch nach: z. B. lachen, Meer, gefroren, zittern. Die Teilnehmer hören auf die Lautimitation oder auf das Geräusch, das durch das Schlüsselwort inspiriert wird. Dann schreibt jeder eine Liste von 10 Worten auf, die in Zusammenhang mit dem Geräusch stehen. Der Gruppenleiter sieht sich die Listen an und teilt die Spieler in Vierergruppen o. ä. ein. Jede Gruppe erfindet nun ein Stück von einigen Minuten Dauer, in dem diese Worte mit Geräuschen interpretiert werden. Die Worte (Geräusche) müssen in die richtige Reihenfolge gesetzt werden, und die Spieler müssen entscheiden, wer das Schauspielen und wer die begleitenden Geräusche übernimmt. Nach zehnminütiger Vorbereitungsphase spielen die Gruppen ihre Stücke vor.

61 Störgeräusche

Altersgruppe: 9 Jahre und älter
Dauer: 45 Minuten

In diesem Drama-Spiel denkt sich jede Teilnehmergruppe eine kurze Improvisation aus, die interessant für die Zuseher ist und nur wenige Minuten dauert. Dabei kann es sich auch um ein Stück aus einem früheren Spiel handeln. Das Stück wird mehrmals geprobt, sodaß es ohne langes Nachdenken gespielt werden kann. Nun erfindet jede Gruppe eine Anzahl von Geräuschen, mit denen sie die Aufführung der anderen stören kann. Die „Störung" darf nicht länger als 20 Sekunden dauern, und sie kann aus allen möglichen Arten von Geräuschen und Klängen bestehen. Zuerst einmal führen die Gruppen ihre Stücke vor, damit die „Störer" planen können, wo sie ihre Geräuscheffekte einsetzen. Dann wird nochmals jedes Stück vorgespielt, wobei jedesmal eine Gruppe von „Störern" ihre „Störgeräusche" vorführen darf. Der Spielleiter achtet darauf, daß jede Gruppe ihr Stück vorspielen kann und auch einmal eine andere Gruppe stören darf. Trotz der Störungen während der Aufführung sollte jede Gruppe versuchen, ihr Stück zu Ende zu bringen. Für die Unterbrechungen sollten überraschende Momente gewählt werden.

62 Viel zu nervös

Altersgruppe: 9 Jahre und älter
Dauer: 35 Minuten

Für dieses Spiel wählt man ein Szenario, das nur einige Minuten dauert: z. B. eine Anekdote oder ein Witz, den man spielen kann; oder man denkt sich eine Handlung aus, die mehrmals wiederholt werden kann. Jede Gruppe soll das gleiche Szenario auf mehrere verschiedene Arten vorspielen: äußerst nervös; viel zu schnell sprechend; viel zu leise und schüchtern spielend; zu lange Pausen machend; sprechen, ohne dabei Atem zu holen (d. h. so wenig Pausen wie möglich machen); weinend; zornig; schreiend oder singend. Der Leiter oder einer der Teilnehmer geht durch die Reihen und entscheidet, welche Gruppe das Szenario auf welche Weise spielen soll: nervös, zornig, usw.

63 Zwillinge

Altersgruppe: 9 Jahre und älter
Dauer: 40 Minuten

Dieses Spiel wird paarweise gespielt, wobei die Partner durch ein unsichtbares Band miteinander verbunden sind. Sie bewegen sich wie Siamesische Zwillinge, und sie sprechen auch gleichzeitig: entweder den gleichen Dialog oder der eine ergänzt die Aussage des anderen. Im ersten Fall müssen die Paare den Dialog erstellen und proben, bevor sie ihn aufführen können. Die zweite Form kann aus dem Stegreif gespielt werden: Das, was der erste Spieler sagt, wird vom zweiten wiederholt oder erweitert. Der zweite Spieler könnte auch die Sätze seines Partners vervollständigen. Der Leiter ermuntert die Teilnehmer, in 10 bis 15 Sätzen eine vollständige Geschichte zu erzählen. Ein wesentlicher Teil dieser Geschichte ist dabei das „Aneinanderkleben" der Partner.

Requisitenspiele

Requisiten sind Hilfsmittel, die bei der Aufführung eines Stückes eingesetzt werden. Mit Hilfe von Requisiten kann eine bestimmte Atmosphäre oftmals direkter und klarer dargestellt werden als nur durch Worte und Gesten, was in manchen Fällen sehr nützlich sein kann. Der Gebrauch von Requisiten kann bedeuten, daß für ein Stück nur ein Objekt benötigt wird oder eine größere Anzahl des gleichen Gegenstandes, um damit eine Vorstellung/Idee besser zu verdeutlichen. Zum Beispiel schaffen hundert Luftballons eine festliche Stimmung, während ein Luftballon symbolisch für einen Abschied stehen kann, bei dem ein Helium-Ballon gestartet wird.

In der folgenden Gruppe von Drama-Spielen arbeiten die Teilnehmer mit Kostümen, einem Schöpflöffel in einem Koffer, einem Telefon, mit Make-up, einer Schatzkarte, Taschenlampen, Textschildern, einer Cremetorte, einem Tonsystem mit Mikrofon, Bekleidungsaccessoires und dem umgebenden Raum.

64 Der Besenstiel ist ein Pferd

Altersgruppe: 6 Jahre und älter
Dauer: 30 Minuten
Requisiten: eine Anzahl von Gegenständen, die in jeder Schule oder jedem Saal zur Verfügung stehen: ein Besen, ein Eimer, Scheuerbürsten, Plastiktüten u. ä.

Jeder Raum kann mit Hilfe von Materialien und Objekten verändert werden. Ist das Thema des Stückes bekannt, kann man sich nach passenden Gegenständen für die jeweilige Situation umsehen. Der Spielleiter läßt Vierergruppen bilden und fordert die Teilnehmer auf, ein Stück zu erstellen, bei dem sie nicht mehr als vier Requisiten benötigen. Die einzige weitere Regel ist, daß jede Requisite etwas anderes darstellen muß, als sie wirklich ist: Z. B. ist der Besen kein Besen, sondern er könnte ein Pferd sein und wird im Spiel auch „Pferd" genannt; ein Stück Plane könnte ein Rasen sein; mit Tischen wird ein Raumschiff gebaut und mit etwas schwarzem Stoff und einigen Stühlen kann man Kinoatmosphäre schaffen.

WIEHER!

65 Der Schöpflöffel im Koffer

Altersgruppe: 6 Jahre und älter
Dauer: 40 Minuten
Requisiten: Vorhang (back-drop), Bühne und Schöpflöffel

Um die Spieler zu Ideen anzuregen, benötigt dieses Spiel eine Anzahl von Requisiten, die auf unterschiedliche Weise in vielen verschiedenen Situationen eingesetzt werden können. Ein Nudelholz kommt häufig in Cartoons und Comics vor, aber auch ein Schöpflöffel, speziell ein sehr großes Modell, verfügt über eine starke Anziehungskraft, um damit jemanden zu schlagen oder um damit zu spielen. Ein riesiger Holzschöpfer und ein alter Koffer regen sofort die eigene Phantasie an.

Der Spielleiter läßt die Teilnehmer Kleingruppen bilden und fordert sie auf, mehrere Situationen, in denen ein Schöpflöffel und ein Koffer eine Rolle spielen können, aufzuschreiben oder herauszurufen. Der beste oder der dümmste Vorschlag wird dann ausgewählt und bildet das Thema des Stückes, in dem der Schöpflöffel und der Koffer einen dramatischen Aspekt übernehmen. „Schiffbruch" (sämtliche Rettungsboote sind voll, sodaß der Koch in einen Koffer springen muß und den Schöpflöffel als Paddel benutzt) ist ein lustiges Beispiel zum Darstellen.

Bei Bedarf kann der Spielleiter einige Vorschläge machen, aus denen neue Ideen entstehen können. Warum ist ein Schöpflöffel im Koffer? Jede Gruppe spielt ihr „Schöpflöffel im Koffer"-Stück den anderen vor. Die Verbindung mehrerer Objekte, die in keinem offensichtlichen Zusammenhang stehen, läßt in jeder Gruppe eine Menge Ideen entstehen.

66 Die Schatzkarte

Altersgruppe: 6–10 Jahre
Dauer: 45 Minuten
Requisiten: Schatzkarten, Kinderbücher
(Augenklappen, „Tätowierungen", Holzbeine
oder Eisenhaken als Hände sind nicht unbe-
dingt notwendig, vergrößern aber den Spaß)

Viele Kinderbücher erzählen Geschichten von Schätzen und Karten, die zeigen, wo der Schatz vergraben ist. Kindern macht es aber auch viel Spaß, eigene Schatzkarten zu zeichnen, die den Weg zum Versteck zeigen. Der Spielleiter bittet jedes Kind, bis zur nächsten Stunde eine Schatzkarte zu zeichnen und mitzubringen. Die Karte soll geheime Schriften und Symbole, Gefahren und unpassierbare Wege/Routen beinhalten.
Der Leiter lobt die Karten und teilt die Spieler in Gruppen auf. Jede Gruppe wählt eine Karte (nicht notwendigerweise von ihnen erstellt) und denkt sich ein Spiel aus, bei dem die Karte gebraucht wird. Gibt es Piraten an der Küste, die kommen und die Karte stehlen wollen, oder zeigt das Stück die Suche nach dem Schatz?

67 Die Modenschau

Altersgruppe: 9 Jahre und älter
Dauer: einen gesamten Nachmittag
Requisiten: Scheinwerfer, Hintergrund/gemalter
Vorhang, wenn möglich eine erhöhte Plattform
oder ein Laufsteg, Tonsystem und ein
Raum, der verdunkelt werden kann

Will man eine Modenschau oder eine Verkleidungsstunde abhalten, muß sich der Spielleiter versichern, daß alle Teilnehmer besondere Kleidungsstücke für die Show mitbringen. Die Teilnehmer bilden Gruppen von 4–6 Spielern. Jede Gruppe soll sich als Grundlage für ihre Show ein Thema oder eine bestimmte Geschichtsepoche wählen: z.B. „Asterix und die Römer", „Das 18. Jahrhundert" oder „Herbstmode". Themen wie „verliebt sein" oder „Trennung" können ebenso Ausgangssituation für eine Serie von Kostümwechseln und lebenden Gruppenbildern (tableaux) sein.
Eine Woche im voraus stellt der Leiter der Gruppe folgende Aufgabe: Denkt euch ein Thema aus, wählt passende Musikstücke und besorgt die Kleidungsstücke und alle weiteren Requisiten, die ihr benötigt. Während der Vorbereitungsstunde kann die Gruppe üben, wie sie die Bühne betreten werden und die Art, wie sie gehen werden. Der Leiter fragt, wer die Rolle des/der Zeremonienmeisters/in übernehmen will. Weiters kann die Gruppe eingeteilt werden in feingekleidetes Publikum, Journalisten, Fotografen, Designer, Models (männliche und weibliche) und vielleicht gibt es auch einen "Star der Show". Auf diese Weise können die Teilnehmer selbst bestimmen, ob sie eine bedeutende oder eine weniger hervortretende Rolle übernehmen möchten.

VARIATION

- Viel Vergnügen bereitet das Proben einer Show, bei der absichtlich alles schiefläuft, was jedoch keinesfalls einfacher ist! Möglicherweise stolpert der Präsentator ständig über das Mikrofonkabel, oder einige der Modelle erscheinen auf der Bühne in Kleidungsstücken, die ihnen überhaupt nicht passen.

68 Das Nachtspiel

Altersgruppe: 9 Jahre und älter
Dauer: ein gesamter Teil eines Tagesplanes
(oder ein Abend)
Requisiten: Taschenlampen, Kerzen,
ein passender Raum, der verdunkelt werden
kann, oder ein Waldstück; wahlweise
eine Geschichte als Beginn

Das Nachtspiel wird in einem Raum gespielt, der angenehm gestaltet und verdunkelt werden kann, oder spät abends im Freien, vorzugsweise im Wald. Wichtig dabei ist, daß der Spielleiter nicht die Tatsache vergißt, daß sich manche Kinder im Dunkeln fürchten. Sind die Kinder zu ängstlich, sollte dieses Spiel besser nicht ausprobiert werden, obwohl der Leiter selbst mitspielen oder den Kindern, die sich fürchten, besondere Rollen zuteilen könnte. Für ein Nachtspiel bietet sich etwas Furchteinflößendes an: eine Entführung, ein Mord, ein Unfall. Genauso gut kann aber auch eine total harmlose Fabel oder ein Märchen verwendet werden.

Als Vorbereitung setzen sich die Kinder paarweise zusammen und testen ihre mitgebrachten Taschenlampen, während ein persönlicher Gehilfe den Strahl seiner Taschenlampe auf den Spielleiter richtet. Der Leiter erzählt eine Geschichte, die von jemandem im Dunkeln handelt (die Phantasiegeschichte sollte alle möglichen Hindernisse, die überwunden werden müssen, beinhalten: Flüsse, die man durchwaten muß, etc.). Es kann eine Geschichte verwendet werden, die ein Teilnehmer in einer vorangegangenen Stunde geschrieben hat. Die Paare gehen los und spielen das, was gerade erzählt wird. Nach zwei oder drei Minuten bedeutet der Spielleiter den Teilnehmern stehenzubleiben. Nun zeigt er ihnen, wie man eine Person anstrahlen kann: von der Seite, von hinten, von oben, von unten – unterhalb des Kinns – usw. Die Spieler bilden Kleingruppen und denken sich Spiele aus, bei denen sie auf unterschiedliche Arten Personen und Objekte anstrahlen.

69 Texte in der Luft

Altersgruppe: 9 Jahre und älter
Dauer: 120 Minuten inklusive Vorbereitungszeit
Requisiten: für die Textschilder oder „Ballons":
Karton, Zauberstifte oder -farbe, ein Stanley-
Messer (mit Schneidbrett) oder eine scharfe
Schere; Comicstrips

Jeder hat schon einmal das Schild „Pause" gesehen, das im Theater über die Bühne getragen wird oder im Kino auf der Leinwand zu lesen ist. Die Zuschauer wissen sofort, was es bedeutet. Steht auf dem Schild „einige Tage später", wird das Publikum in die Zeit versetzt, in der die Handlung spielt. Oftmals sind solche Zeichen effektiver als ein Erzähler, besonders dann, wenn etwas Lustiges darauf steht oder die Art von Ausrufen, die man aus Comic strips kennt (POW! ZAP! CRASH! etc.).

Jede Gruppe erfindet ein Stück von einigen Minuten Dauer und diskutiert, wo die Handlung mit Hilfe von Zeichen einen Sprung vorwärts machen oder durch Ausrufe bzw. andere Kommentare verstärkt werden kann. Jede Gruppe führt dann den anderen ein Stück vor, in dem die Handlung mit einigen Textschildern illustriert wird. Schwer zu spielende Wechsel können von dieser Methode profitieren.

VARIATIONEN

- Mit Hilfe von „Sprechblasen" auf einem Schild können Wiederholungen in einem Stück sehr lustig wirken. Bei einer Sprechblase wird ein Teil einer Rede in eine Ballonform geschrieben, wie es normalerweise bei Comicstrips der Fall ist. Dabei muß der Text nicht unbedingt getragen werden; ein Hinweisschild kann von Zeit zu Zeit über dem Vorhang oder an seiner Seite gehoben werden (mehrmals hintereinander).

- Mit Textschildern kann dem Publikum „eingesagt" werden: Während der Schauspieler sagt „Er ist es!" steht auf dem Schild „Nein, er ist es nicht!", was vom Publikum gerufen wird; oder der Schauspieler sagt „Ich sehe keinen Bär" und das Schild sagt „Hinter dir".

70 Die Torte

Altersgruppe: 9 Jahre und älter
Dauer: ein ganzer Vormittag oder Nachmittag
Requisiten: Sahnetorten oder Cremekuchen
(zum Werfen), alte Kleider, Reinigungsmittel,
als Untergrund Gartenfolie oder eine Plane,
mehrere alte Filme

In einem Stück hat jede Handlung ihre Ursache, was auch für Tortenschlachten gilt. Szenen wie diese sieht man nicht oft auf der Bühne, sie kommen jedoch häufig in Filmen von Charlie Chaplin und Laurel und Hardy vor. Sieht man sich einige dieser alten Filme an, kann man deutlich erkennen, wie die Handlung auf eine Tortenschlacht zusteuert. Der Spielleiter und die Teilnehmer analysieren einige Ausschnitte, wobei sie sich die Frage stellen, was die Darsteller zu dem Punkt bringt, ab dem sie mit dem Tortenwerfen beginnen. Jede Gruppe erfindet ein Stück, in dem sich zwei offensichtliche Gegner aus dem einen oder anderen Grund gegenseitig auf die Nerven gehen: Gläubiger und Schuldner, Betrüger und Betrogener, Verkäufer und das Opfer eines schlechten Kaufs etc. Die Gegner könnten sich auf einer Party treffen, bei der gerade Kaffee und Kuchen serviert wird.

Die Gruppen entscheiden selbst über die tatsächlichen Rollen und den Ort des Aufeinandertreffens. Während die Spieler ihre Szenen proben, achtet der Leiter darauf, ob die Handlung logisch und genau bis zum Zeitpunkt der Tortenschlacht aufgebaut ist. Das Stück wird mehrere Male „trocken" ausprobiert (ohne Kuchen und Torten), und der Spielleiter macht darauf aufmerksam, daß die Sahnetorten aus kurzer Distanz (nicht mehr als 2 Meter) geworfen werden müssen, um ihr Ziel zu treffen. Vielleicht ist es besser, in einem anderen Teil des Raumes zu üben, damit die Spieler in die richtige Stimmung kommen. Der Gruppenleiter sollte sich auch versichern, daß das Opfer im Spiel nicht jemand ist, der auch im wirklichen Leben generell das Opfer von Sticheleien ist. Lustig ist es, das Spiel auf Video aufzunehmen, damit es sich die Gruppe später ansehen kann.

(Anmerkung: „Sahnetorten" zum Werfen können leicht aus Rasierschaum oder künstlicher Schlagsahne auf Aluminiumfolie hergestellt werden. Der Teilnehmer sollten wissen, ob der Schaum eßbar ist oder nicht.)

71 Das Wachsfiguren-kabinett

Altersgruppe: 6 Jahre und älter
Dauer: einen ganzen Vormittag oder Nachmittag
Requisiten: Kostüme, Accessoires und Make-up (wasserlöslich), Fotos berühmter Leute, TV-Stars etc., ein separater Umkleideraum

Der Gruppenleiter bittet die Kinder, Bilder ihrer Helden und Idole mitzubringen. Die Personen auf den Bildern sollen in voller Größe und in einer Pose dargestellt sein. Die Bilder werden im Kreis herumgereicht, damit alle sie sehen können. Wenn möglich, sollen die Teilnehmer auch Kleider mitbringen, mit denen sie sich wie ihre Helden verkleiden können. Sie kostümieren sich, tragen Make-up auf (Grundierung und Puder sind eventuell schon ausreichend) und üben ihre Pose. Der Spielleiter kann sich ebenfalls verkleiden oder die Rolle des Ausstellungsführers übernehmen. Die Gruppe wird geteilt: Welche Berühmtheiten sind im gleichen Raum? In jedem Raum denkt man sich Themen aus, über die sich die berühmten Leute unterhalten, was sie zueinander sagen und welche Rolle sie spielen. Was weiß man über seinen Helden? Es könnte ein Moment gewählt werden, in dem ein Spitzensportler, der gerade Weltmeister geworden ist, erklärt, wie er sich fühlt. Nachdem das Spiel geprobt wurde, kommen andere Berühmtheiten zu Besuch in den Raum. Die Gruppen beobachten sich gegenseitig. Später könnte man auch Eltern und Freunde einladen, die der Ausstellungsführer durch das Wachsfigurenkabinett begleitet.

72 Das Mikrofon

Altersgruppe: 9 Jahre und älter
Dauer: 35 Minuten
Requisiten: ein oder mehrere Mikrofone
mit Tonanlage, einige Zeitungen

Mit einem einfachen Mikrofon, Verstärker und Lautsprechern kann man tolle Improvisationen machen. Steht nur ein Mikrofon für 25 Teilnehmer zur Verfügung, kann es folgenderweise aufgeteilt werden: Jede Gruppe (bestehend aus ungefähr 3 Spielern) erstellt eine Liste verschiedener Geräusche oder Stimmen, wie ganz leise flüstern, geheimnisvoll sprechen, ängstlich schreien, Explosionen. In einem Extraraum probt jede Gruppe fünf bis zehn Geräusche. Der Spielleiter geht folgendermaßen vor: Er schickt eine Gruppe in einen anderen Raum und ruft sie, sobald sie mit der Vorbereitung ihrer Geräusche und Stimmen fertig ist. Dann übt sie ihre Geräusche kurze Zeit mit dem Mikrofon. War jede Gruppe an der Reihe, denkt sie sich eine weitere Liste von Geräuschen aus und probt sie, jedoch gibt dieses Mal der Spielleiter ein Thema vor: z. B. ein Gewitter, ein Vulkanausbruch, ein Streit. Jede Gruppe erstellt einen kurzen Dialog zwischen den Hauptdarstellern (ungefähr 15 Sätze) und denkt sich passende Stimmen und Geräusche dazu aus. Nachdem sie ihr Stück geprobt hat, führt sie es den anderen vor.

73 Zwei Telefone

Altersgruppe: 9 Jahre und älter
Dauer: 45 Minuten
Requisiten: 2 Telefone, wenn möglich
eine Trennwand

In diesem Spiel wird der Gebrauch des Telefons dargestellt. Besser ist es, echte Apparate zu benutzen als nur Pantomime. Hilfreich ist auch, eine Trennwand zwischen den beiden Sprechern aufzustellen, damit sie sich zwar hören, aber nicht sehen können.

Als Einleitung erklärt der Spielleiter die Rolle, die das Telefon in unserer Kommunikation spielt. Wer benützt es heutzutage nicht? Ganz egal welchen Beruf man ausübt, das Telefon ist nicht mehr wegzudenken.

Die Teilnehmer schlüpfen in andere Personen: Mit Namen, Beruf, Alter, Charaktereigenschaften und weiteren Eigenheiten. Telefone, Stühle und Trennwand werden vor dem Publikum aufgebaut. Nun betreten abwechselnd zwei Spieler die Bühne und rufen sich gegenseitig an. Das Publikum erfährt, wer sie sind und wen sie erreichen wollen. Zum Beispiel könnte ein Metzger versuchen, einen Großhändler zu erreichen, und wird statt dessen mit dem Krankenhaus verbunden, wobei man eine Menge Informationen bekommt.

VARIATIONEN

- In diesem Spiel können Spieler, die zueinander passende Rollen haben, miteinander telefonieren (z. B. Krankenschwester und Patient).
- Es ist auch möglich, den Anruf weiterzuleiten: In einem „Notfall" unterbricht der Leiter und stellt die richtige Verbindung her, vorausgesetzt, daß es die passende Rolle dafür gibt; falls nicht, kann irgendein Spieler diese Rolle übernehmen.

Spiele mit Masken

Schauspielen und gleichzeitig dabei eine Maske tragen ist keine leichte Aufgabe. Eine Maske verdeckt das Gesicht teilweise oder vollständig, was bedeutet, daß die gewohnte Art, Gefühle auszudrücken, sofort komplizierter wird: Die meisten Menschen drücken fast alles, was sie sagen wollen, mit ihrem Gesicht aus. Fast alle Masken sind unbeweglich (d. h., sie reagieren nicht auf Gesichtsbewegungen), weshalb unter der Maske die Kontrolle über den Gesichtsausdruck nicht mehr möglich ist. Das Tragen einer Maske in einem Stück hat den Vorteil, daß man unsichtbar ist, niemand bemerkt, wenn man errötet, den falschen Gesichtsausdruck aufsetzt oder etwas verstecken will. Spieler, die sich ihrer eigenen Fähigkeiten nicht sicher sind, scheinen oftmals hinter einer Maske besser zu spielen. Doch man kann sich nicht einfach eine Maske überstülpen und zu schauspielen beginnen. Die Gesten müssen übertrieben werden, um etwas klar darzustellen. Beim Tragen einer Maske muß man dem Publikum frontal gegenübertreten, um verständlich zu machen, was man sagen will. Langsame Bewegungen helfen nicht nur, sich auszudrücken, sondern geben auch mehr Sicherheit, besonders wenn die Maske das gesamte Gesicht verdeckt. Masken kann man in Scherzartikel- oder Bastelläden kaufen, es ist aber lustiger, aus Zeitungen, Packpapier, Papiertüten oder anderen Materialien eigene zu basteln. Mit Schere, Heftmaschine und etwas Farbe kann man wahre Wunder vollbringen.

74 Begegnungen

Altersgruppe: 6 Jahre und älter
Dauer: 30 Minuten
Requisiten: einen Korb voller Masken,
für jeden Spieler eine

Alle sitzen im Kreis und der Spielleiter erklärt, daß sich die Spieler mit ihren Masken begegnen werden. Er zeigt ihnen alle Masken (sie wurden eventuell in der vorangegangenen Woche von dieser oder einer anderen Gruppe gebastelt) und fragt, was sie darstellen. Jeder Spieler wählt eine Maske und sucht sich einen Partner, mit dem er sich unterhalten möchte. Bei der Wahl der Maske wird darauf geachtet, wen sie darstellt, welche Emotionen zu diesem Charakter passen und die Situation, in der sich die Person gerade befindet (Beispiel: eine alte Frau blickt verärgert und sucht ihren Enkel). Bevor sich die Spieler einen Partner suchen, bestimmen sie die Eigenschaften ihrer Maske. Bei der Begegnung der beiden Partner unterhalten sie sich darüber, wer sie sind, was sie gerade tun und wohin sie gehen.

VARIATION

- Die Spieler bleiben in ihrer Rolle hinter der Maske, während sie im Raum herumspazieren und auf neue Partner treffen. Der neue Partner sollte anhand der Bewegungen erkennen können, wer auf ihn zukommt. Auch die Stimme kann an die Maske angepaßt werden.

75 Gefühle

Altersgruppe: 9 Jahre und älter
Dauer: zwei Halbtage
Requisiten: Masken und Materialien,
um welche zu basteln

Dieses Drama-Spiel läßt sich genau in zwei eigenständige Stunden teilen: In der ersten werden Gesichtsausdrücke geübt und gezeichnet bzw. fotografiert; in der zweiten werden die Masken gebastelt und ein Stück erfunden, das die gewählten Gesichtsausdrücke beinhaltet. Die Teilnehmer gehen paarweise zusammen und üben, mit ihrem Gesicht verschiedene Gefühle auszudrücken. Schließlich (nach längstens 10 Minuten) wählen sie ein oder zwei Gesichtsausdrücke aus und zeichnen oder fotografieren sie. Steht nur eine Stunde zur Verfügung, kann man auf das Üben verzichten und die Spieler beginnen sofort mit dem Zeichnen bzw. Fotografieren. Die Zeichnungen werden ausgearbeitet und die Fotos entwickelt. Die Ergebnisse daraus werden nun auf die Masken gemalt oder mit Kreide daraufgezeichnet. Was kann der Audruck auf der Maske sagen?

In der zweiten Stunde erklärt der Spielleiter, wie man den Gesichtsausdruck der Maske mit Körperbewegungen verstärken kann. Paarweise denken sich die Spieler Dialoge aus, bei denen beide Masken (und die dazugehörenden Gefühle) die Hauptrolle spielen. Drücken die Masken zum Beispiel Angst und Freude aus, könnte im Spiel die Verständnislosigkeit des glücklichen Charakters gegenüber der Angst des anderen dargestellt werden.

76 Immer mehr übertreiben

Altersgruppe: 9 Jahre und älter
Dauer: zwei Halbtage
Requisiten: Materialien, um Masken zu basteln

Jede Gruppe zu fünf Spielern entscheidet sich für eine Gefühlsstimmung, die in vier Schritten immer mehr übertrieben werden kann: Z. B. belustigt, depressiv, fröhlich, überschwenglich. Im Anschluß daran bastelt jede Gruppe ihre Masken: eine für den Erzähler und vier für seine Gegenüber. Die Pendants (dargestellt von den vier anderen Spielern) tragen Masken, die jeweils eine Variation des gleichen Gefühles zeigen. Die vier sind gleich bekleidet und bewegen sich auf die gleiche Weise, die jedoch von einem Spieler auf den anderen an Intensität zunimmt. Der Erzähler jeder Gruppe führt der Reihe nach mit seinen Mitspielern ein Gespräch, wobei die vorher vereinbarte Stimmung gesteigert wird. Jede Gruppe stellt sich vor, wie ihre Situation immer intensiver werden kann, damit sie tatsächlich mit den wechselnden Masken übereinstimmt. Auf das vereinbarte Signal (das der Erzähler geben könnte), betritt der nächste Spieler die Bühne, während sein Vorgänger sie verläßt. Das Publikum beobachtet die nächste Steigerungsstufe, wobei es nicht nur auf die Masken achtet, sondern auch auf die Bewegungen und Stimmen. Das Spiel selbst dauert nur wenige Minuten. Spielgedanke dabei ist, eine Sequenz mit schnellen Übergängen und Wechseln zu erarbeiten.

77 Masken ohne Gesichter

Altersgruppe: 9 Jahre und älter
Dauer: 45 Minuten
Requisiten: Hintergrundgeschichte und Masken ohne Gesichter

Michael Ende schrieb das Buch „Momo". Ein Buch wie dieses könnte eine gute Grundlage für das folgende Spiel schaffen. Die Teilnehmer kaufen oder basteln eine Maske ohne Gesicht, jedoch mit Löchern zum Sehen, Atmen und Sprechen. Eine Maske mit einem absolut neutralen Gesichtsausdruck ist ideal für dieses Spiel. Die Idee dabei ist, so anonym wie möglich auszusehen, monoton zu sprechen und die gleichen Bewegungen ständig zu wiederholen. Wieviel Spannung können die Spieler aufbauen? Eine Passage aus einem Buch kann dabei die Idee zu einem interessanten Szenario liefern. Ein Spieler ohne Maske kann während des Spiels aufgrund des starken Kontrastes Gefühle besonders klar darstellen.

63

78 Der Maskenball

Altersgruppe: 12 Jahre und älter
Dauer: 50 Minuten oder ein Teil eines Abends
Requisiten: Kostüme und verschiedene Masken

Einen Maskenball zu organisieren, auf dem die Spieler tanzen können, macht zwar viel Spaß, ist jedoch keine leichte Aufgabe. Jemand muß die Dekoration des Raumes übernehmen, Kostüme organisieren und die Masken basteln. Aus diesem Grund sollten die Teilnehmer einige Wochen im voraus darüber informiert werden, sodaß alle ihre Vorschläge, Entwürfe und Fragen einbringen kön-nen. Um die Spieler zu inspirieren, zeigt ihnen der Leiter ein Buch mit Illustrationen. Jeder Spieler versetzt seinen Charakter in eine bestimmte Epoche bzw. Situation und demonstriert dies auf dem Ball: als Monolog (ein einzelner Spieler spricht und handelt) oder mit einem gewählten Partner. Der Spielleiter fragt, welcher Spieler sich (bzw. seine Rolle) auf dem Ball vorstellen möchte. Schließlich demaskiert sich der Spieler, um die Situation klar darzustellen. Zum Beispiel wird die Sterbeszene von Karl dem Großen dargestellt, und das Publikum entdeckt eine Wunde unter der Maske ...; oder auf dem Ball tanzt die letzte Volkstänzerin der Tschechoslowakei, bevor das Land geteilt wird.

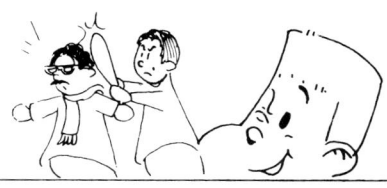

Spiele mit Puppen

Eine Puppe ist ein lebloses Objekt, dem erst der Puppenspieler Leben einhaucht. Im allgemeinen sind Puppen klein, doch gibt es auch Puppenspieler, die mit ihren Puppen gemeinsam auf der Bühne stehen und vor dem Publikum spielen. Dazu ist jedoch mehr Wissen über das Puppenspiel nötig, als in den folgenden fünf Spielen vermittelt werden kann; einen Versuch ist es aber auf jeden Fall wert. Man muß sich zuerst über die eigene Interpretation klar sein, ebenso darüber, daß man die Puppe keine unmöglichen Bewegungen machen lassen kann. Puppen, die man kaufen kann, haben zumeist einen vorgegebenen Bewegungsmechanismus, der nicht variierbar ist. Weitaus interessanter ist es, seine eigene Puppe zu basteln, mit einer charakteristischen Haltung und einem eigenen Gesichtsausdruck. Eine Handpuppe wird mit drei Fingern bewegt: Der Zeigefinger stützt den Puppenhals, Daumen und Mittelfinger bewegen ihre Hände. Im Stehen ist die Arbeit mit Puppen einfacher, d. h., das Puppentheater sollte in einer entsprechenden Höhe gebaut sein. Man sollte sich nicht ausschließlich auf Puppen beschränken, alle möglichen Objekte können mit den Händen zum Leben erweckt werden.

79 Einfache Handlungen

Altersgruppe: 6 Jahre und älter
Dauer: 30 Minuten
Requisiten: eine Puppe für jeden Teilnehmer

Ist man nicht daran gewöhnt, mit einer Puppe zu spielen und seine Hand in ein Objekt aus Holz oder aus einem weichen Material zu stecken, dann sollte man das erst einmal üben, bevor man sich eine komplizierte Geschichte ausdenkt. Der Spielleiter läßt Paare bilden, die sich mit ihren Handpuppen gegenüber stehen. Begonnen wird mit dem Spielen von einfachen Tätigkeiten: für „Ja" nicken bzw. für „Nein" den Kopf schütteln, die andere Puppe ansehen und „Hallo" sagen. Jedes Paar findet fünf Bewegungen, die in Zusammenhang mit Begegnungen stehen: sich gegenseitig grüßen, sich herzlich voneinander verabschieden. Der Gruppenleiter beobachtet, ob die Paare noch zu sehr mit Üben beschäftigt sind, oder ob sie bereit sind für die Vorführungen der anderen.

80 Ein Glas Limonade

Altersgruppe: 6 Jahre und älter
Dauer: 20 Minuten
Requisiten: Plastikbecher, kohlensäurehältige Getränke, eine Puppe für jeden Spieler

Alle sitzen im Kreis, und der Spielleiter läßt einer Handpuppe ein Getränk einschenken: Eine große Flasche zu kippen, ist eine riesige Aufgabe für solch kleine Hände. Jedes Paar nimmt ihre Puppen und sucht nach Objekten, die sie für ihr erdachtes Spiel brauchen kann. Der Gruppenleiter achtet darauf, daß jeder eine Puppe und einen Gegen-

stand nach seinen Möglichkeiten auswählt. Jedes Paar wählt ein oder zwei Objekte; um ein Glas Limonade einzuschenken, benötigt man ein Glas und eine Flasche bzw. einen Krug. Gemeinsam die Zeitung zu lesen, kann eine ziemlich komplizierte Tätigkeit sein. Können die Paare gut mit ihrem Gegenstand umgehen, können sie sich Situationen mit ihren Gegenständen ausdenken, die ihre Stimmung beeinflussen: z. B. wird das Getränk über das hübsche Kleid der Puppe verschüttet, sie lesen eine Todesanzeige in der Zeitung, …

81 Stimmen

Altersgruppe: 6 Jahre und älter
Dauer: 20 Minuten
Requisiten: viele verschiedene Arten von Puppen

Der Spielleiter bittet die Teilnehmer, mit ihren Puppen im Kreis Platz zu nehmen. Jede Puppe hat ihre Stimme, ihre eigene Art zu sprechen, zu spielen und sich zu bewegen. Der Leiter stellt seine Puppe einem anderen Mitspieler vor. Die andere Puppe antwortet mit ihrer eigenen Stimme. Der Spielleiter wiederholt dies mehrere Male, und im Anschluß daran stellt sich jede Puppe ihrem linken Kreisnachbarn vor. Nun stellt einer der Teilnehmer an irgendeinen Mitspieler eine Frage: über das

Wetter o. ä. Lassen die anderen Spieler ihre Puppen auf die gleiche Weise sprechen?

Die Puppen wechseln im Kreis einige Spieler weiter. Der Spielleiter bringt ein neues Thema ein, eventuell einen Ausschnitt aus einer Geschichte oder einen Zeitungsartikel, zu dem die anderen ihre Meinung sagen können. Haben die Puppen jedes Mal neue Stimmen bekommen?

82 Lebende Gegenstände

Altersgruppe: 9 Jahre und älter
Dauer: 45 Minuten
Requisiten: eine Auswahl an Gegenständen,
von den Spielern mitgebrachte Handschuhe
(vorzugsweise schwarz), schwarze Kleidung

Der Spielleiter legt eine Auswahl von Objekten auf, von denen jeder Spieler eines auswählt und das er wie eine Puppe verwendet. Die Spieler sollen ihrem Gegenstand auch einen (menschlichen) Namen geben. Welche Stimme paßt am besten zu dem Objekt; welchen Charakter hat ein (gefährliches) Messer, der (harmlose) Besen, die (entzückende) kleine Bürste? Wie bewegt sich der Gegenstand? Wie ist sein Zustand? Ist er vollständig oder fast gebrochen? Hat er einen Streit mit einem anderen Gegenstand? Bei dem Spiel „Papier, Schere, Stein" schneidet die Schere das Papier, der Stein zerbricht die Schere, und das Papier umwickelt den Stein ... Der Spielleiter teilt die Spieler in Dreier- oder Vierergruppen auf, und jede Gruppe erfindet mit ihren Gegenständen eine „Puppenshow". Schwarze Handschuhe und Kleidung lenken dabei die Aufmerksamkeit des Publikums weg von den Händen bzw. den Spielern und betonen dafür die Objekte. Trägt der Spieler zusätzlich noch eine (durchsichtige) schwarze Kappe oder Maske über seinem Kopf, wird er vollends unauffällig. Das Spiel kann mehrere Minuten dauern.

83 Menschliche Puppen

Altersgruppe: 9 Jahre und älter
Dauer: 45 Minuten
Requisiten: Kostüme (wahlweise),
eine Geschichte als Ausgangspunkt

Außerhalb des herkömmlichen Puppentheaters tritt der Puppenspieler als Individuum noch stärker in Erscheinung. Bei seinem Spiel mit den Puppen kann er sich als Mensch oder als Puppe darstellen. Die Teilnehmer können sich wie Puppen bewegen, vielleicht sogar in Kostümen, alten Kleidern oder einfach nur in Stoffresten, die mit Sicherheitsnadeln befestigt sind. Um den Spielern zu einer Idee zu verhelfen, kann der Leiter aus einem Kinderbuch eine Geschichte über Puppen vorlesen. Danach können die Spieler ihre eigenen „Zinnsoldaten", „Fetzenpuppen", „Roboter" oder „Holzpuppen" improvisieren. Sind die Spieler mit dieser Art von Bewegung noch nicht vertraut, kann der Spielleiter verschiedene Arten des Gehens vorzeigen, die dann von allen gemeinsam geübt werden. Es kann sich dann jeder die Bewegungen einer Gelenkspuppe, eines äußerst schlaksigen Pierrots oder einer steifen Holzpuppe leicht vorstellen und sie imitieren. Jeder Spieler wählt nun für sich eine Puppenfigur aus und spielt diese.

Spiele mit Kostümen

Als Kind lernt man schon sehr früh, sich zu verkleiden: Man spielt mit dem riesengroßen Mantel des Vaters, den viel zu großen, hochhackigen Schuhen der Mutter; die Spielzeugrüstung verwandelt das Kind sofort in einen Ritter; im wunderschönen, langen, glitzernden Seidenkleid fühlt es sich wie eine Prinzessin; und manchmal findet sich am Dachboden eine alte Truhe oder ein Koffer voll mit alten Kleidern, Hüten und feschen Perlen. Schnell und heimlich verkleidet man sich als alte Hexe, als strammer Polizist oder feine Dame. Für einen kurzen Augenblick ist man jemand anderer; man setzt den Hut auf und fühlt sich wie die Großmutter, die ihn immer trug; plötzlich hat man einen bestimmten Beruf; man ist ein entlaufener Sträfling auf der Flucht ... und während man so den Koffer durchwühlt, probiert man, was noch alles passen könnte ...

Darum geht es in den Kostümspielen.

84 Großmutters Hut

Altersgruppe: 9 Jahre und älter
Dauer: 35 Minuten
Requisiten: eine Truhe voll mit alten Kleidern
und Accessoires

Die oben genannten Requisiten sind nur als Reserve gedacht, da alle Spieler alte Kleidungsstücke, einen Hut oder ein Accessoire von zu Hause mitbringen sollen, Dinge, die eine Geschichte haben oder Ausgangspunkt für eine sein können. Als Beispiel bringt der Spielleiter selbst „Großmutters Hut" mit und erzählt seine Geschichte. Möglicherweise können alle Teilnehmer eine Geschichte zu ihrem Kleidungsstück erzählen. Um die Spieler in die richtige Stimmung zu versetzen, fordert der Spielleiter sie auf, ihre Geschichten zu erzählen, die natürlich nicht wahr sein müssen. Dann werden Gruppen gebildet und die Mitglieder entscheiden, ob sie für ihr Spiel nur ein Kleidungsstück und dessen Geschichte verwenden, oder ob sie mehrere Stücke kombinieren. Sollte eine Gruppe damit Schwierigkeiten haben, aus den Geschichten ein Stück zu erstellen, könnte der entsprechende Spieler die Geschichte seines Kleidungsstückes vorspielen.

85 Ein Koffer voller Kleider

Altersgruppe: 6 Jahre und älter
Dauer: 35 Minuten
Requisiten: 5 Koffer mit verschiedenen
Kleidungsstücken und anderen Gegenständen

Der Spielleiter stellt 5 Koffer mit Kleidung und Accessoires, die in den vorangegangenen Wochen gesammelt wurden, in die Raummitte. Dazu erklärt er, daß die Koffer geliefert wurden, aber niemand wisse, wem sie gehören. „Sollen wir versuchen, in die Haut der Besitzer zu schlüpfen, um zu sehen, was für Leute das sind?" Für dieses Spiel muß nicht unbedingt eine komplette Garderobe in jedem Koffer sein. Jede Gruppe bekommt einen Koffer. Spielgedanke dabei ist, sich zu dem Inhalt des Koffers und zum Koffer selbst ein Stück auszudenken. Während die Gruppen diskutieren, was mit der Person geschieht, die „zu den Kleidungsstücken gehört", kann der Spielleiter mit Anregungen und Ermutigungen weiterhelfen und darauf achten, daß die Kleider passen. Nach 10 Minuten Vorbereitung und Probe spielt jede Gruppe ihr Stück vor.

86 Kleidung und Beruf

Altersgruppe: 12 Jahre und älter
Dauer: einige Stunden
Requisiten: Kleidungsstücke, die typisch
für bestimmte Berufe sind

Für dieses Drama-Spiel werden Kleidungsstücke benötigt, die bei der Darstellung eines bestimmten Berufes für den richtigen Eindruck und die passende Atmosphäre sorgen. Will eine Gruppe den Beruf eines Krankenhausarztes spielen, müssen die Spieler mit Freunden und Verwandten, die in einem Krankenhaus arbeiten, die Abteilung für Krankenhauskleidung aufsuchen (um Kleider zu borgen), oder sie finden nach dem Besuch im Spital eigene Kleidungsstücke, die jenen ähnlich sind. Abgesehen von der Arbeitskleidung müssen auch passende Kleider für die anderen Charaktere gefunden werden: Patienten, Besucher etc. Bevor sie jedoch damit beginnen, sollen die Teilnehmer (in der Großgruppe oder in Kleingruppen) eine aus mehreren Szenen bestehende Geschichte erfinden, aus der sich eine Serie entwickeln läßt (für weitere Informationen siehe Spiel 53 „Die Episodengeschichte"). Der Spielleiter achtet darauf, daß jeder Spieler eine passende Rolle und entsprechende Kleider wählt. In der Einleitung zu diesem Spiel beschreibt der Leiter die verschiedenen Seiten einiger Berufe. Dadurch werden Ideen zu den Details des gewählten Berufes und zu weiteren Personen angeregt, die in den Szenen vorkommen. Das Stück kann dann wirklichen Vertretern dieser Berufsgruppe vorgespielt werden um zu erfahren, wie nahe die Geschichte der Realität kommt.

87 Personenbeschreibung

Altersgruppe: 12 Jahre und älter
Dauer: 45 Minuten
Requisiten: verschiedene Kleidungsstücke

„Eine Frau, 32 Jahre alt, wird seit Sonntag Abend in ihrem Haus in der Stadt XY vermißt. Sie ist ca. 164 cm groß, hat braunes Haar, das sie zu einem Zopf zusammengebunden trägt, und ein fröhliches Erscheinungsbild. Sie war zuletzt bekleidet mit einem roten Mantel, Nylonstrümpfen und flachen italienischen Schuhen ..."

Der Spielleiter läßt Vierergruppen bilden, die sich ein Stück ausdenken, in dem eine Person als vermißt gemeldet wird. Die Spieler diskutieren den Hintergrund des plötzlichen Verschwindens und wie ein mögliches Verbrechen dargestellt werden könnte. Soll die Gruppe nur die Sorgen und Ängste der Familie und der Freunde zeigen, oder soll das Stück erst dann enden, wenn die Frau gefunden wurde? Welche Personengruppen sind noch daran beteiligt? Die örtliche Polizei, Familie, Freunde, Kollegen? Selbstverständlich kann das Stück von verschiedenen Gesichtspunkten ausgehend bearbeitet werden. Es könnten auch Fotos mehrerer vermißter Personen gemacht werden, die diese zuerst in einer Gruppe zeigen und dann vielleicht auch als „Opfer". Die Familie wird aufgesucht, die sich zur Identifizierung Fotos verschiedener Personen ansehen soll.

Speziell Teenager werden bei diesem Spiel das Element des Horrors sehr aufregend finden.

88 Zwei Typen

Altersgruppe: 9 Jahre und älter
Dauer: 35 Minuten
Requisiten: Truhe oder Koffer mit Kleidungs-
stücken zum Verkleiden

Um die Teilnehmer zu Ideen anzuregen, beginnt der Spielleiter mit der Beschreibung verschiedener Personentypen. Paarweise wird dann diskutiert und entschieden, welche Typen die Spielpartner darstellen wollen.

Bevor die Spieler in der Truhe nach passenden Kleidungsstücken für ihre Rolle suchen, stellen sie sich folgende Fragen: Wen spiele ich? Wie alt bin ich? Was sind meine besonderen Charaktereigenschaften und sind sie erkennbar? Benötige ich spezielle Gegenstände? Wo wohne ich und wohin bin ich gerade unterwegs, wenn das Stück beginnt? Diese Fragen tragen zur besseren Orientierung bei und können nach Belieben erweitert bzw. verringert werden.

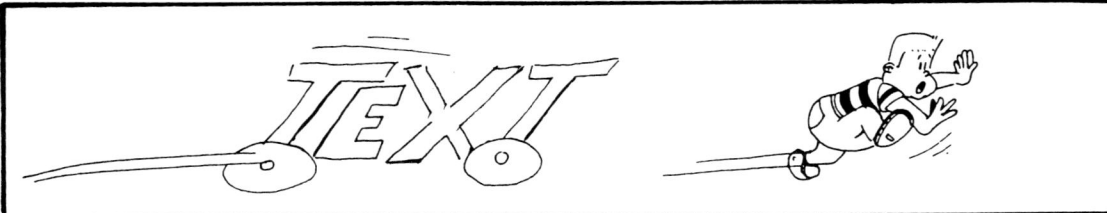

Textspiele

Bei Textspielen ist die Art, wie mit dem Text gespielt wird, von Bedeutung. Manchmal wird uns gar nicht mehr bewußt, wie sehr unser Leben von Worten und Texten überschwemmt wird: Überall begleiten uns Hinweisschilder, Werbeplakate, Fernsehprogramme … Bücher versorgen uns mit den eigenartigsten Geschichten, Filme versetzen uns mit Bildern und Texten für kurze Zeit in andere Welten, Post aus allen Teilen der Welt landet in unseren Briefkästen, Telefonanrufe sind wie mehrzeilige Texte, die mit dem Gesprächs-partner gewechselt werden. Ein Leben ohne Worte ist unvorstellbar.

Schauspielen ist Spielen mit Textzeilen, mit der Art, wie der Text gesprochen, ausgedacht und in ein Drama-Spiel umgesetzt wird.

Die folgende Serie erklärt – manchmal in Form eines Spiels – wie ein Märchen oder eine Fabel auf eine andere Weise gespielt werden kann; wie man einen Werbespot erfinden und darstellen kann; wie ein von einem Dolmetscher übersetztes Spiel umgesetzt werden kann; wie man ein Telefongespräch innerhalb oder außerhalb einer Telefonzelle führen kann; wie es eine Drehtür im Restaurant unmöglich macht, ein Gespräch mitzuhören; wie es ist, innerhalb einer festgesetzten Zeit einen Text schreiben und darstellen zu müssen.

SACK — TUCH

89 Worte übersetzen

Altersgruppe: 9 Jahre und älter
Dauer: 30 Minuten

Einige zusammengesetzte Wörter können bei näherer Betrachtung ziemlich faszinierend sein: z.B. Kreuzworträtsel, Bücherschrank, Trittbrett, Kochapfel oder Schlaftablette. Diese Wörter können in ihren Teilen dargestellt werden: „Kreuzworträtsel" bedeutet normalerweise nicht, daß man Wortverbindungen mit „Kreuz" erraten muß, sondern es ist ein Rätsel, in dem mit Hilfe von Hinweisen Wörter in ein Gitter geschrieben werden. Diese Zusammensetzungen können also auf zwei Arten dargestellt werden: In ihrer richtigen Bedeutung und in einer gänzlich anderen Bedeutung. Der Spielleiter läßt Dreier- oder Vierergruppen bilden, und jede Gruppe soll einige zusammengesetzte Wörter darstellen und anschließend den anderen Teilnehmern vorspielen. Vor oder während der Vorführung darf nicht gesprochen werden. Die Zuseher sollen erraten, wie das gespielte Wort heißt.

VARIATIONEN

● Beim Vorspielen eines zusammengesetzten Wortes „versteinern" die Spieler plötzlich und sprechen einen Satz, in dem das Wort in seiner dargestellten Bedeutung vorkommt.

● Das Wort kann auch in einem Stück dargestellt werden, in dem die beiden Wortteile separat gespielt werden (mit gesprochenem Text) und am Schluß das zusammengesetzte Wort vorkommt. Für „Schlaftablette" könnte man einige Zeilen, in denen das Wort „Schlaf" vorkommt, vorspielen und im zweiten Teil das gleiche mit „Tablette" wiederholen. Im letzten Satz wird dann das Wort „Schlaftablette" verwendet. Die Zuseher beobachten, wie das Wort aufgebaut wird.

90 Spiele jeden Buchstaben

Altersgruppe: 9 Jahre und älter
Dauer: 30 Minuten

Bei diesem Spiel werden Wörter Buchstabe für Buchstabe wiedergegeben. Wenn die Buchstaben in der richtigen Reihenfolge gespielt werden, können aufmerksame Zuseher das Wort erkennen. Gespielt werden die Buchstaben in Form von Zeitwörtern und zwar gleichzeitig von allen Gruppenmitgliedern. Ein Wort wie „Auto" kann mit den Verben „anziehen, umrühren, tanzen, operieren" dargestellt werden. Die Spieler teilen sich in Gruppen auf und beginnen zu üben. Nach 5–10 Minuten spielen sie ihre Wörter vor, wobei die Zuseher das jeweilige Wort erraten müssen.

91 Gemeinsam schreiben

Altersgruppe: 9 Jahre und älter
Dauer: 45 Minuten
Requisiten: Papier und Bleistift

Die Spieler sitzen im Kreis, jeder hat einen Bleistift zur Hand. Nun werden einige Blatt Papier weitergegeben, auf denen der Spielleiter mehrere Zeilen geschrieben hat. Jeder Spieler fügt nun ein oder zwei Dialogsätze hinzu und gibt das Blatt weiter. Der Leiter liest sich alle „Drehbücher" durch, streicht eventuelle Schimpfwörter aus oder korrigiert unpassende Entwicklungen der Dialoge. Dadurch bleibt die Qualität der Texte erhalten. Ist eine Geschiche bereits 10–15 Zeilen lang, kann der nächste Spieler den Schluß schreiben. Die Teilnehmer bilden Gruppen, und jede Gruppe erhält ein beliebiges „Drehbuch". Die Gruppen lesen ihr Stück, proben es und spielen es dann den anderen vor. Die Texte können auswendig gelernt werden, man kann mit ihnen improvisieren, oder man verwendet nur einige Sätze aus der Geschichte.

92 Die Fabel

Altersgruppe: 9 Jahre und älter
Dauer: 45 Minuten
Requisiten: ein Fabelbuch

Eine Fabel ist eine Geschichte mit didaktischer Absicht, oftmals auch in Versform geschrieben. Jean de la Fontaine ist Autor einiger herrlicher Tierfabeln, wie z. B. „Der Rabe und der Fuchs". In dieser Geschichte wird der Rabe, der auf einem Ast sitzt, ständig vom Fuchs bedrängt, etwas zu singen. Schließlich fühlt sich der Rabe so geschmeichelt, daß er zu singen beginnt und somit sein Stück Käse aus dem Schnabel verliert. Der Fuchs schnappt sich den Käse und läuft davon. Nachdem der Spielleiter die Geschichte vorgelesen hat, bilden die Spieler Kleingruppen und erfinden eine Variation der Geschichte. Beispiel: Anstatt des Käses hat der Rabe einen Stein im Schnabel, der dem Fuchs auf den Kopf fällt; oder der Ast bricht ab und fällt auf den Fuchs, während der Rabe davonfliegt. Die Moral könnte in diesem Fall sein: Wer zu dick aufträgt, dem kann das auf den Kopf fallen.
Der Leiter kann eine weitere Fabel vorlesen, Variationen erstellen und diese dann vorspielen lassen.

93 Das neue Märchen

Altersgruppe: 9 Jahre und älter
Dauer: 45 Minuten
Requisiten: ein Märchenbuch (wahlweise)

In diesem Spiel wird nicht das alte, gut bekannte Märchen gespielt, sondern zuerst werden Form und Inhalt verändert und erst dann wird es aufgeführt. Beispiel: „Rotkäppchen" könnte in das Jahr 3000 bzw. in die Steinzeit versetzt werden, der Wolf wird ausgelassen, dafür wird Rotkäppchen unabsichtlich vom Jäger erschossen; oder der Jäger wird von einem Elefanten (mit einem sehr langen Rüssel) niedergeschlagen, bevor er das Haus der Großmutter erreicht. Der Spielleiter nennt einige Beispiele und läßt die Teilnehmer Gruppen bilden, die nun ein neues Märchen erfinden sollen. Nehmen alle Gruppen das gleiche Märchen als Ausgangspunkt, kann die originellste Version gewählt werden. Die Gruppen proben ihr Märchen und spielen es dann den anderen vor.

94 Eine fremde Sprache

Altersgruppe: 9 Jahre und älter
Dauer: 30 Minuten

Dieses Spiel könnte genausogut „Plappern" heißen. Spielgedanke ist, in einer Nonsens-Sprache zu sprechen, die man während des Sprechens erfindet. Diese Sprache kann eine Änderung der eigenen Sprache sein, oder sie kann wie Französisch, Japanisch oder Arabisch klingen. Vielleicht werden statt der normalen Vokale nur „a" oder „o" verwendet usw. Wichtig dabei ist jedoch, daß das Publikum und der Mitspieler verstehen, was man sagen möchte. Zuerst wird paarweise geübt, und nach einigen Minuten sollen sich die Paare über ein bestimmtes Gesprächsthema einigen. Dieses Thema, Problem oder dieser Fachbereich wird nun von den beiden diskutiert. Jedes Paar bereitet eine Szene vor, die sie dann den anderen vorspielt.

VARIATIONEN

- Die Teilnehmer stellen ein Ereignis dar, das im Ausland spielt und bei dem sie Touristen sind, die sich selber aus einer Notsituation retten müssen.
- Die verwendete Sprache ist gänzlich erfunden und hat überhaupt keine Ähnlichkeit mehr mit irgendeiner bekannten Sprache. Möglicherweise unterhalten sich die Spieler nur mit Zahlen.

95 Die Telefonzelle

Altersgruppe: 9 Jahre und älter
Dauer: 35 Minuten
Requisiten: zwei Telefone

Dieses Drama-Spiel findet an zwei Orten zugleich statt: Auf der linken Seite der Bühne telefoniert der erste Spieler, auf der rechten Seite ist die Telefonzelle, wo der zweite Spieler steht. Die Telefonzelle hat eine (unsichtbare) Glastür, die während der Szene mehrmals geöffnet und geschlossen wird, sodaß das Publikum jedes Mal einige Gesprächsfetzen mitbekommt. In Vierergruppen denken sich die Teilnehmer ein Spiel aus, bei dem das Telefongespräch ständig unterbrochen wird. Jemand ist wegen eines Unfalles in größter Eile, oder er versucht seinen Nachbarn zu erreichen, der bei ihm in der Wohnung das Gas abdrehen soll. Die Anrufer und ihre Mitspieler sollen trotz aller aufkommenden Kommunikationsprobleme versuchen, ihr Gespräch weiterzuführen.

96 Der Werbespot

Altersgruppe: 12 Jahre und älter
Dauer: 45 Minuten
Requisiten: ein Video mit verschiedenen
Werbespots (wahlweise)

Als Einleitung kann der Spielleiter ein Video mit verschiedenen Werbespots aus dem Fernsehen zeigen. Er erklärt, wie sich die Aussage zusammensetzt und weist auf die schnellen Bild- und Wortsequenzen hin, die den Zuseher zum Kauf des bestimmten Produktes überreden sollen. Es wird sich herausstellen, daß viele Teilnehmer einen oder mehrere dieser Spots auswendig kennen und sie spontan nachahmen können. Das ist eine bewährte Vorgangsweise, und auch die anderen Spieler gewöhnen sich an die schnellen Wechsel in einem Werbespot. Die erste Aufgabe könnte lauten: Spielt einen Spot, den ihr kennt oder gerade gesehen habt. Maximaldauer: 30 Sekunden.

Danach können bekannte Werbespots verändert oder umgeschrieben und vorgespielt werden. Der Spielleiter betont, daß Information weitergegeben werden müsse, Vergleiche mit anderen Produkten gemacht werden könnten und bewiesen werden sollte, daß dieses Produkt wirklich „besser" sei. Das alles wird noch vermischt mit Humor, leicht zu merkenden Schlagwörtern und einer starken Schlußfolgerung. Der Leiter könnte auch ein neues Produkt „erfunden" haben: eine neue Schuhcreme, eine neue Sorte besonders knuspriger Kartoffelchips, ein besseres Waschpulver.

VARIATION

- Ist die Gruppe mit dem Aufführen von Werbespots vertraut, kann in der nächsten Runde eine Parodie aus dem Spot werden: Es wird etwas hinzugefügt, wodurch der Werbespot lächerlich gemacht wird. Kleine Veränderungen am Original können viele verschiedene Auswirkungen haben. Noch lustiger ist es, einen Beweis für die angeblich bessere Qualität eines Produktes zu erbringen, obwohl es tatsächlich schlechter ist.

97 Der Dolmetscher

Altersgruppe: 9 Jahre und älter
Dauer: 45 Minuten

Dieses Spiel kann in Kombination mit Spiel 94 („Eine fremde Sprache") gespielt werden. Spieler A spricht in einer Nonsens-Sprache und Spieler B ist der „Dolmetscher", d.h. er übersetzt die Worte seines Partners so, wie er sie versteht. Die Übersetzung muß nicht unbedingt mit dem Original übereinstimmen. Der Übersetzer kann die Worte seines Partners auch absichtlich falsch übersetzen.

Diese Aufgabe kann auch folgendermaßen ausgeführt werden: Es gibt zwei Spieler. Spieler A spricht und spielt, während Spieler B übersetzt und mit dem Publikum spricht. B versucht dabei, die Aussagen von A inhaltlich zu verfälschen, indem er ständig gegenteilig reagiert oder die Sätze schon übersetzt, bevor A sie beendet hat. Der Dolmetscher darf unterbrechen, die Aussagen falsch übersetzen, in die falsche Richtung lenken oder Antworten schon vor der gestellten Frage geben. Die Spieler bilden Paare und üben gemeinsam diese Vorgehensweise.

98 Das Restaurant

Altersgruppe: 12 Jahre und älter
Dauer: 45 Minuten
Requisiten: eine Trennwand, mehrere Tische mit Stühlen, Besteck und Teller, wahlweise: Dekoration für das Restaurant, Kostüme für die Kellner

Die Requisiten sind nicht unbedingt erforderlich, sie erhöhen jedoch die Restaurant-Atmosphäre, wenn alles echt aussieht und vielleicht sogar etwas gegessen wird. Die Tische werden durch eine Trennwand, die eine Schwingtür und ein Schiebefenster hat (beide sind unsichtbar, spielen jedoch eine Rolle in der Handlung), voneinander abgeteilt. Die Tische werden so aufgestellt, daß die Spieler (Restaurantbesucher) sehen können, wenn das Schiebefenster geöffnet wird oder die Schwingtür offensteht. Sowohl die Kellner als auch die Spieler können Tür und Fenster öffnen bzw. schließen und bestimmen dadurch, wieviel von ihrer Unterhaltung mitgehört werden kann. Zu Beginn sollen die Kellner nur sehr einfache Handlungen ausführen. Das Schwierige ist, daß die Unterhaltung auf einer Seite der Trennwand leiser ist als auf der anderen, aber trotzdem fortgesetzt wird. Wo immer der Kellner ist, ist auch das Gespräch lauter; geht der Kellner weg, wird die Unterhaltung fast unhörbar. Nur wenn das Fenster aufgeschoben oder die Tür aufgestoßen wird, sind Gesprächsteile verständlich. Paarweise denken sich die Spieler Dialoge aus, die sie als Restaurantbesucher führen wollen. Bei diesem Spiel wechseln schnelle Gespräche und kleine Imbisse einander ab. Kein Paar sollte länger als 10 Minuten an einem Tisch sitzen. Der Spielleiter, der auch einen der Kellner spielen kann, lenkt das Spiel und beobachtet die vielen verschiedenen Aspekte.

99 Die Eieruhr

Altersgruppe: 9 Jahre und älter
Dauer: 45 Minuten
Requisiten: eine Eieruhr

Der Spielleiter erklärt, daß während der Aufführung eines kurzen Stückes (ca. 3 Minuten) eine Eieruhr oder ein Metronom läuft, sodaß das Spiel zu einem Wettlauf gegen die Zeit wird. Gruppenweise wird ein kurzes Stück mit Dialogen geprobt. Nacheinander sprechen alle Spieler einen Satz und gemeinsam sprechen und spielen sie mit hoher Geschwindigkeit das Stück bis zum Schluß. Ist die Eieruhr abgelaufen, sollte auch das Stück zu Ende sein oder sofort abgeschlossen werden. Der Spielleiter kann leicht erkennen, ob dies möglich ist oder nicht, und er soll die Spieler ermutigen, ihr Stück zu einem schnellen Ende zu bringen. In ihren Gruppen diskutieren die Spieler sehr genau, wie in nur wenigen Minuten ein Stück aufgebaut und rasch abgeschlossen werden kann. Wenn notwendig, kann das Spiel auch aufgeschrieben werden. Nach zehnminütiger Übungszeit kommen die Spieler in den Kreis zurück, und gruppenweise spielen sie den anderen ihre Stücke vor.

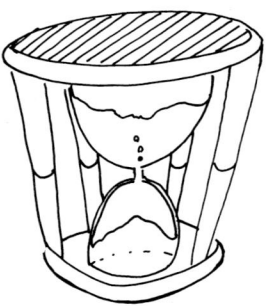

100 Das Fotospiel

Altersgruppe: 9 Jahre und älter
Dauer: 45 Minuten
Requisiten: Zeitungen, Comics und Magazine

Fotos aus verschiedenen Zeitungen und Magazinen werden gesammelt. Jede Gruppe wählt daraus ein Foto, zu dem sie ein Stück erstellen kann. Der Moment der Aufnahme soll dabei genau dargestellt werden, d. h. die Spieler müssen die Posen auf dem Foto üben, um sie exakt nachahmen zu können. Die Spieler diskutieren, in welchem Teil des Stückes das „Foto" vorkommt: Zu Beginn des Spieles oder erst sehr viel später? Stellt das Foto Anfang bzw. Schluß einer Situation dar, oder passiert es irgendwo im Mittelteil? Ein Foto, das „Das Loch im Eis" darstellt, kann der Beginn des Stückes „Das Kind ist gerade ertrunken" oder „Eislaufen" sein. Es werden Gruppen gebildet und die Fotos ausgewählt. Nach 10 Minuten Vorbereitungs- und Übungszeit spielen die Gruppen ihre Stücke vor.

Wohin mit den Aggressionen

Raufen und Spielen nach Regeln von 6 bis 12 Jahren

80 Seiten, br.
ISBN 3-7058-0706-4

Spiele zum Problemlösen

Band 1:
für Kinder im Alter von 6 bis 12 Jahren
120 Seiten, geb.
ISBN 3-7058-0540-1

Band 2:
für Kinder im Alter von 9 bis 15 Jahren
120 Seiten, geb.
ISBN 3-7058-0548-7

◆ Verwandeln Sie eine Rauferei in ein Spiel nach Regeln.

◆ Körperliche Auseinandersetzung wird nicht tabuisiert, sondern als Ausdrucks- und Kommunikationsmittel gesehen.

◆ Die Kinder lernen so, Regeln zu akzeptieren, begreifen ihren Körper auf neue Art und Weise und lernen, Erfolg und Mißerfolg zu relativieren.

◆ Weit über 100 Spiele, je nach Bedarf für Kleingruppen oder Schulklassen.

◆ Helferspiele, Aggressionsspiele, Kooperationsspiele, Wahrnehmungs-, Bewegungs-, Partner-, Rate- und Rollenspiele.

◆ Im Spiel Probleme aufgreifen, erkennen und bewältigen.

◆ Eine wertvolle Hilfe für Kinder, das ICH, das DU und die GRUPPE zu verstehen.

Rundes, kunterbuntes Jahr

Spiele und Theaterstücke für jede Jahreszeit
Spiele und Theaterstücke 6
von 4 bis 14 Jahren

120 Seiten, geb.
ISBN 3-7058-0015-9
Tonbandkassette
ISBN 3-7058-0018-3

Giraffentheater

Vom Fabel-Spiel bis zum Tier-Musical
Spiele und Theaterstücke 5
ab 4 Jahren

112 Seiten, geb.
ISBN 3-85329-919-9
Tonbandkassette
ISBN 3-85329-952-0

◆ In der Rolle von Tieren erobert das Kind die Welt.

So lernt es sprechen, horchen, beobachten, musizieren, singen, sich bewegen, zärtlich sein und sich einfühlen in verschiedene Verhaltensweisen.

◆ Rhythmicals, Spielgedichte, Tanzlieder, Klang- und Bewegungsspiele, Legendenspiele mit und ohne Musik, Sketche, szenische Spiele und Schattenspiele begleiten durch das Jahr.

V E R◆I T A S